S0-BFA-939

USTED
puede ser un
ASESINO

ALFONSO PASO

USTED
puede ser un
ASESINO

Edited by
EDITH B. SUBLETTE
DePauw University

THE ODYSSEY PRESS
a division of
THE BOBBS-MERRILL COMPANY, INC.
Indianapolis • New York

Library of Congress Cataloging in Publication Data
Paso, Alfonso, 1926–
    Usted puede ser un asesino.

    A play.
    "For class use by the third semester of college or
the the third or fourth year of high school."
    "The text is from the edition of Colección Teatro,
number 301, 1961, published by Escelicer of Madrid."
    1. Spanish language—Readers. I. Sublette, Edith
B., ed. II. Title.
PQ6629.A79U8 1973 468'.6'421 73–627
ISBN 0–672–63135–0

Copyright © 1974 by The Bobbs-Merrill Company, Inc.
All rights reserved
Printed in the United States of America
Designed by Starr Atkinson

Contents

Preface

Usted puede ser un asesino is a detective comedy and, to some extent, a caricature of that genre. There are no loose ends. The outcome cannot be inferred and interest is maintained to the end. The author has drawn on his skill as an experienced dramatist to prove the innocence or guilt of each character. His ideas are original and surprising, and his humor is irresistible. The vocabulary, which is very up-to-date, makes the book ideal for class use by the third semester of college or the third or fourth year of high school.

Except for obvious cognates, I have provided footnotes for all words, idioms, and phrases not listed in Hayward Keniston's *A Standard List of Spanish Words and Idioms*. I have also done so for items which, although included in the list, have meanings different from those cited here. In order to facilitate reading, I have listed in alphabetical order before each section some words and idioms from groups three and four of this list.

I have arbitrarily divided the play into eight sections in order to make units of practical length. Since there are only two acts, this division was necessary. Vocabulary, idioms, and grammatical exercises and questions on content follow these sections.

The text is from the edition of *Colección Teatro*, number 301, 1961, published by Escelicer of Madrid. I corrected only a few typographical errors.

I wish to express my gratitude to the author, Alfonso Paso, who so willingly provided me with some of his plays, biographical material and discussion of his works, and information for footnotes.

E.B.S.

Introduction

Life and Works
of Alfonso Paso

Alfonso Paso Gil is a playwright and stage director who has also written for the cinema and worked as a journalist and free-lance writer. Paso was born in Madrid on September 12, 1926, the son of Antonio Paso, a playwright, and Juana Gil Andrés, an actress. He married Evangelina Jardiel Poncela in 1952.

Paso was educated in Madrid and received the degree of licenciate in Philosophy and Letters from the University of Madrid in 1951.

Some of his awards are: Premio Carlos Arniches, 1956; Premio Nacional de Teatro, 1957, 1961; Premio Alvarez Quintero de la Real Academia Española, 1959; the María Rolland award, 1962; and the Leopoldo Cano award, 1966. Four dramatists in Spain have received this award: Casona, Buero Vallejo, Miguel Mihura, and Paso. Paso is a member of the Institut International du Théâtre in Paris. He has recently received two journalistic awards of first quality. Paso and only five other living Spanish authors have been included in *Teatro Selecto*, published by Editorial Escelicer of Madrid. Many of Alfonso Paso's works have been performed in Latin America, and also in Curaçao and Aruba.

Detective Works

Paso's first detective comedy was *Veneno para mi marido*, which was produced in 1953 and has been translated into French. It is an amusing play within a play, the same actors performing the roles in both pieces. There are numerous comic situations, as at the end of Act I, Scene I, when the just-poisoned, dead husband has to go to the aid of the actress, Cecilia, who has really become ill and faints on stage. The husband shouts for the curtain to be lowered and apologizes to the audience. There is a great deal of action and excellent dialogue.

Adiós, Mimi Pompón, 1958, is a satire with contrasting elements of terror and tenderness. Imagination and fantasy link the episodes involving five crazy characters.

Tus parientes no te olvidan, 1959, is a farce of black and macabre humor.

Receta para un crimen, 1959, resembles a chess game in which the characters reconstruct the murder and catch the criminal. Paso depicts the scenes with marvelous skill.

In *Cuidado con las personas formales,* 1960, Paso freely uses his imagination so that none of the characters has any relationship to reality. The humor is grotesque. The situations are absurd but amusing.

Cuatro y Ernesto, 1960, is a subtle caricature of Yankee excesses and United States movies. Although the work appears to be absurd, there is a logic which explains and clarifies all. Ernesto, the chief of police, is one of the most stupendous characters ever invented by Paso. Comedy is subtly blended with crime, melodrama, and fear.

In general, Alfonso Paso uses intrigue or mystery to develop his detective plays. He presents situations which are entertaining and interesting. He brings this type of play to its ultimate maturity in a new kind of theater which cannot be surpassed.

Usted puede ser un asesino

Usted puede ser un asesino was first produced in 1958 and has been translated into German. It received the Premio Nacional de Teatro. Paso invents the incidents of the plot with extraordinary skill. There are touches of vaudeville and puppet-like actions. The audience is kept in suspense until the end, when the details of the plot are completely solved.

Objectively considered, *Usted puede ser un asesino* is a theatrical production in which the characters are taken seriously in spite of the comic elements. The author has intermingled humor and fear without permitting either to become implausible. He has combined the logical with the illogical and suspense with laughter-producing situations.

Summation

Alfonso Paso's dramatic works are not limited to those of the detective type; some are historical or surrealistic, while others treat the absurd or the burlesque. Some contain political satire and others depict customs. They often include realistic scenes from the daily life of people who range from the lower to the upper classes, from laborers and servants to professionals and businessmen.

The plots are logically devised, and the characters are realistically portrayed. Paso's plays are based on his observations of life and they frequently raise social, human, or psychological questions. The situations and dialogues are often humorous. He is an original dramatist who has won popular acclaim.

Recent Plays

Of his more than one hundred and fifty works, these plays written since 1960 have enjoyed the greatest success:

El mejor mozo de España
Un treinta de febrero
Vivir es formidable (Presented for two years in Buenos Aires.)
Sí, quiero
De pronto, una noche
Querido profesor (Received the Leopoldo Cano award in 1966.)
Educando a una idiota

Casi Lolita
Estos chicos de ahora
Enseñar a un sinvergüenza
En el Escorial, cariño mío (His latest success in Mexico, called
    there *Habitación 232.*)
Un matrimonio muy, muy, muy feliz
Nerón-Paso
Juan Jubilado
Cosas de papá y mamá (Performed in Germany and Austria.)
Aurelia y sus hombres (Premio Nacional de Teatro.)

Bibliography

Who's Who in Spain. Barcelona: International Book and
Publishing Co., Ltd., 1963. (Material on Alfonso Paso, p. 685.)
   Marqueríe, Alfredo. *Alfonso Paso y su teatro.* Madrid: Es-
celicer, 1960, pp. 9–286.

Autocrítica

Dice Georges Simenon que "en determinadas circunstancias, lo verdaderamente difícil no es asesinar (para él todos los crímenes tienen algo de burdo y estúpido), sino demostrar que no se ha cometido el asesinato". Esto último puede requerir, de algún modo, la inteligencia y la habilidad del acusado. En efecto: a veces la vida, si no en trance de ser inculpados por asesinato, nos coloca frente a situaciones en las que es mucho más difícil demostrar la absoluta inocencia que hubiera sido haberlas realizado. Todo ello puede resultar, en ocasiones, francamente cómico. Así he deseado que suceda en *Usted puede ser un asesino*. ¿Quiere esto decir que *Usted puede ser un asesino* es una comedia policíaca tomada a broma? Yo diría que es, mejor, una "comedia de humor" policíaca, ya que, al margen de sus incidencias cómicas, mi modesta pieza no tiene, la verdad, ninguna pretensión de parodia. Terror del más auténtico, sólo que a veces, en mi opinión, lo terrorífico y lo macabro pueden ser objeto de risa y producirla sin algún otro propósito—insisto—de sátira o parodia. La intriga policíaca de la obra puede ser, hasta cierto punto, ortodoxa. Y hay en ella criminal, sospechosos, policía y víctima. Si todos ellos—a excepción de la víctima, naturalmente—, les hacen reír mucho, yo me daré por satisfecho. *Usted puede ser un asesino*, con más de trescientas representaciones por las provincias españolas, me ha producido muchas alegrías, quizá porque la escribí sin pensar en la función social, la generación nueva, la responsabilidad humana, etc., etc. La escribí, simplemente, pasando un buen rato y esto—sin duda—ha de verse reflejado en la obra.

Alfonso Paso

USTED

puede ser un

ASESINO

Reparto[1]

SIMON ALDEBERT

ENRIQUE LOUETTE

MARGARITA ALDEBERT

BRIGETTE LOUETTE

NOEMI

DUPONT

JULIO

INSPECTOR HILARIO CERVEILLE

ANDRE

Acción: En casa de Simón Aldebert, situada en una importante capital provincial francesa, cercana a un centro de veraneo.[2]

Epoca: Actual. Un verano.

Lados: Los del actor.

1. cast of characters   2. summer vacation

Learn this vocabulary
before you read pages 3-14

aburrirse   to get bored
almohada   pillow
aparato   apparatus;
   telephone
armar   to start (*a*
   commotion)
baúl *m.*   trunk
camarero   waiter
¡claro!   of course!
copa   glass, goblet
cortina   curtain
cuerdecita   little string

doler   to ache, to pain
grueso   heavy
lujo   luxury
madera   wood
maleta   suitcase
moreno   dark, brunet
recado   message
seguro   insurance; sure
sello   stamp
soltera   old maid, unmarried
   woman
telón *m.*   curtain

ACTO PRIMERO

*Un salón en el departamento[3] que Simón Aldebert y su esposa
ocupan en la capital. Se trata de una amplia habitación, decorada
y amueblada[4] al estilo más moderno con evidente buen gusto y
con cierto lujo. A izquierda y derecha, puertas. En el foro,[5] de
frente al espectador, un poco hacia la izquierda, la puerta de*   5
*acceso a la vivienda.[6] En su centro, una mirilla[7] microscópica. El
resto del foro lo ocupa un gran ventanal[8] corrido,[9] practicable,
de unos dos metros—de umbral[10] a dintel[11]— traspasando[12] el
cual salimos a una terracita, desde donde podemos divisar[13] el
panorama urbano. La terracita se corta oblícuamente y un enre-*   10

3. apartment
4. furnished
5. rear
6. dwelling
7. peephole
8. picture window

9. unbroken
10. threshold
11. lintel
12. crossing
13. perceive

jado[14] *de madera la separa de una terracita gemela:*[15] *la del piso
vecino. Entre el fondo y la puerta de la izquierda, una puerta que
cierra la entrada al ropero.*[16] *Abre—como es usual—hacia afuera,
hacia escena, y en un arco que va desde el lateral a un segundo
término,*[17] *paralelo a la batería. El umbral queda treinta centímetros por encima del suelo. Una vez abierta la puerta, presenta
su paño*[18] *interior al foro y, por tanto,*[19] *sirve como de piombo*[20]
*y oculta lo que haya o pueda suceder tras ella o en el interior del
ropero. Un sofá. Mesita para bebidas a su costado.*[21] *Teléfono.
Radiogramola.*[22] *En la terracita, un sillón de hierro forjado,*[23]
pintado con esmalte[24] *blanco, y una mesita. Cortinas en el ventanal. Son las diez de una noche de verano, densa y calurosa.*[25] *En
segundo término, hacia la izquierda, cerca del ropero, hay un
baúl tipo Hartmann,*[26] *de pie, cerrado.*

(*Al levantarse el telón, la escena desierta. Suena un claxon.*[27] *Aparece por la derecha Simón. 35 años, buen tipo, simpático. Corre
al ventanal.*)

SIMON. ¡Sí! (*Grita hacia abajo.*) En seguida baja. ¡Un momento! (*Hacia la derecha.*) ¡Margarita, cariño!*[28] Ya está ahí
el taxi. ¡Anda, mi vida, que vais a perder*[29] el tren!

(*Por la derecha entra Enrique. Más joven que Simón. No mucho;
tímido, tristón*[30] *y medroso.*[31] *Si se nos pidiera una frase rotunda*[32]
*para describirlo, tal vez dijéramos que "Enrique parece no haber
roto un plato".*[33] *En efecto, si Enrique ha roto un plato en su vida,
debió pegarlo, porque nosotros no nos hemos enterado. Sale
cargado de maletas hasta la "línea de flotación".*[34])

14. grating
15. twin
16. clothes closet
17. **segundo término**   middle
    distance
18. drapery
19. **por tanto**   therefore
20. screen
21. side
22. radio phonograph
23. wrought
24. enamel
25. hot
26. Manufacturer of fine luggage.
27. horn
28. dear
29. miss
30. rather sad
31. fearful
32. round; full
33. **no haber roto un plato**   to be
    innocent (*lit.* not to have broken
    a plate)
34. **línea de flotación**   water line

ENRIQUE. ¡Los últimos detalles!
SIMON. Y todo lo que han mandado por delante.[35]
ENRIQUE. Eso sí. El hotelito este año estará muy confortable.
SIMON. ¡Nena,[36] cariño! ¡Por la Virgen, que no cogéis el tren!
ENRIQUE. Si mi mujer está cruzada de brazos, esperando a la tuya.   5
SIMON. Tú ves ... pues se le olvidará algo. Siempre se le olvida
algo.
ENRIQUE. Bueno, después de todo, el sábado vamos nosotros. (*Nue-
vamente el claxon. Simón va al ventanal.*) ¡El taxista! Tendrá
que ir a cenar.   10
(*Simón escucha algo y luego responde.*)
SIMON. En seguida bajan.
ENRIQUE. A cenar, ¿no?
SIMON. A ver a un amigo. Oye, deja eso en el montacargas[37] y que
lo vaya metiendo el portero en el taxi.   15
(*Enrique sale por el foro con las maletas. De nuevo, Simón a la
terracita. Y una muchacha que saca un tiesto[38] a la de al lado.[39]*)
NOEMI. (*En la terracita contigua.*) Buenas noches.
SIMON. ¡Buenas noches. Noemí! (*La muchachita desaparece.*)
¡Gerard! ¡Gerard! Bajan las maletas en el montacargas. Mé-   20
talas. Gracias... ¿Eh? Sí. Recibí el paquete... Un poco cortas.
Pienso trabajar en el jardín del hotelito. Gracias. Hubiera
necesitado unas palas[40] normales de medida. Pero ésas valen.[41]
Gracias. (*A escena otra vez.*) ¡Margarita, cielo! Que tienes
veinte minutos nada más.[42]   25
(*Margarita aparece ahora por la derecha. Es una mujer bonita,
incluso[43] muy bonita. Pero un tanto[44] atrabiliaria,[45] despistada[46]
y pintoresca. Lleva gafas.[47] Unas preciosas gafas de gruesa armadura[48] oscura. Y un extraño sombrerito. Sale cargada de paquetes
y seguida de Brigette, la esposa de Enrique. Más normal y sen-*   30

35. **por delante** before
36. baby girl
37. freight elevator
38. flowerpot
39. **de al lado** next door
40. shovels
41. are useful

42. **nada más** only
43. even
44. **un tanto** somewhat
45. hypochondriac
46. disoriented
47. glasses
48. frame

tada[49] *que Margarita. Y, sobre todo, mucho menos habladora. La verdad: Margarita es un auténtico gramófono. No para, no detiene la lengua ni para que le saquen una muela.*[50])

MARGARITA. Sí, sí. Ya estoy aquí. ¿Lo ves? Ya estoy. Sobra tiempo,
5   como siempre. ¡Brigette!

BRIGETTE. ¿Qué?

MARGARITA. ¿Llevamos las almohadas?

BRIGETTE. Sí.

MARGARITA. ¿Los platos? ¿Los vasos?

10 BRIGETTE. Los de plexiglás.

MARGARITA. ¡Los de plexiglás, los de plexiglás! La cristalería[51]
fina la tengo en el ropero. Después de todo no vamos a necesitar
copas de champagne en Château-Blanch. (*De pronto.*) ¡Ay,
Simón! Tengo que darte una sorpresa y no sé de qué se trata.
15   Mejor. Así será una sorpresa también para mí.

SIMON. Pongo en tu conocimiento[52] que te quedan sólo diez y ocho
minutos.

MARGARITA. ¡Uf![53] ¡Qué burrada![54] ¡A esperar tocan! ¡El bicarbonato! ¡A que[55] se me olvida el bicarbonato!

20 SIMON. ¡Eh! Oye, el bicarbonato quien lo toma soy yo.

MARGARITA. También es verdad. Aunque se me olvide, no importa.
¿El parchís?[56]

BRIGETTE. Va en las maletas.

MARGARITA. ¡Eso es! Las maletas. Se me olvidan las maletas.

25 SIMON. Las ha bajado el marido de ésta en el montacargas.

MARGARITA. Si necesito bicarbonato lo compro en Avignon[57] al
pasar. En Avignon hay una barbaridad de bicarbonato.

BRIGETTE. Y en Perpignan.[58]

SIMON. Y en Berlín.

30 MARGARITA. ¡Claro! ¡Claro! ¡Dios mío, qué puede ser esa sorpresa!
(*De pronto.*) ¡El baúl! Lo mandas mañana en el autobús. Que

---

49. settled	54. stupidity
50. molar	55. **A que** I bet
51. glassware	56. parcheesi (*game*)
52. **Pongo ... conocimiento** I	57. City in southern France.
inform you	58. City in southern France.
53. Humph!	

no le den más que los siete porrazos[59] de costumbre.[60] Sin
extraordinarios.

SIMON. Descuida.[61]

MARGARITA. Cuídate el estómago. A ver lo que coméis por esos
mundos de Dios. Que en los restaurantes guisan[62] todo[63] lo   5
contrario que yo—o sea,[64] bien—y os fastidian.[65] Leche en
cuanto te duela el píloro.[66] Es el píloro lo que te duele, ¿no?

SIMON. (*Resignado.*) ¡El píloro!

(*Enrique aparece en el foro.*)

MARGARITA. ¡Enrique ... tú por aquí![67]   10

ENRIQUE. Sí. Llevo[68] cinco horas en la casa.

MARGARITA. Muy bien. ¿Mis gafas? ¿Las llevo puestas?[69]

BRIGETTE. Sí, Margarita.

MARGARITA. Un beso. Que seáis buenos. Que os portéis[70] bien. Conducta moral. Nada de películas subidas de tono[71] ni de leer   15
novelas buenas. Y ni una sola infidelidad veraniega,[72] porque
la armo. Ya me conoces.

SIMON. Está bien. Anda[73] ya.

MARGARITA. ¡Ah! Luisa me telefoneó antes preguntándome dónde
os habíais hecho los dos el seguro de vida. Quería que su   20
marido se hiciese uno igual, porque eso de que se muera el
marido y le den a una cinco millones de francos,[74] es un detalle. Así que la llamas y...

SIMON. Cogí el recado, encanto.[75]

MARGARITA. ¡Ah, fuiste tú! ¡Estupendo! (*El claxon de nuevo.*)   25
¿Quién toca la trompeta?

SIMON. Es el taxista, mi vida.

59. bumps
60. **de costumbre** as usual
61. Don't worry.
62. they cook
63. wholly, quite
64. **o sea** that is to say
65. they sicken
66. pylorus (*opening from stomach
into intestine*)
67. **por aquí** around here
68. I have been
69. **¿Las llevo puestas?** I have
them on?
70. **Que os portéis** May you
behave yourselves
71. **subidas de tono** high-toned
72. summer
73. Go ahead
74. When the play was written, 485
francs equaled 50 pesetas and
$1.00.
75. dear

MARGARITA. ¡Qué grosería![76] ¡Un instante! ¡El bolso![77] ¿Todo en
orden? (*Abre el bolso.*) Polvos, un papelito con unas señas...
(*Va sacando los objetos que detalla[78] en el diálogo.*) Un teléfono, de no sé quién. Un peso. Sesenta kilos.[79] De otra, por su-
5   puesto. Un pañuelo sucio, otro pañuelo limpio, una cuerdecita.
La novena[80] a San Raimundo.[81] Una aspirina. Unas pinzas.[82] Un
sello. Más papelitos. ¡Las llaves! ¡Ah, las llaves! La del portal[83]
te la dejo en la herradura.[84] (*Se refiere a una herradura com-
puesta sobre una greca[85] en hierro forjado, de la que cuelga
10 una llave y está colocada sobre la puerta del foro, encima de
la mirilla.*) Todo en orden. (*Y barre[86] los objetos que había
dejado encima de la mesita dentro del bolso, como el que
recoge migas[87] de un mantel.[88]*) Menos el dinero. No tengo
dinero.
15 SIMON. Ten.
(*Le da unos billetes.*)
MARGARITA. No pongas esa cara,[89] que pasado mañana[90] te nombran hermano mayor del sitio ese en que trabajas. (*Transición.*) ¿Es hermano mayor?
20 SIMON. Director-Gerente.[91]
MARGARITA. Que viene a ser hermano mayor. Otro beso.
BRIGETTE. (*A Enrique, besándolo.*) Derechito, ¿eh?
ENRIQUE. Como siempre, mujer.
MARGARITA. Hasta el sábado, mi vida. Adiós, adiós, adiós, Enrique.
25 ENRIQUE. Hasta el sábado.
(*Claxon de nuevo.*)
MARGARITA. ¡Voy, voy! ¡El baúl! ¡No te olvides!... ¡Adíos!
(*Mutis[92] de las dos mujeres por el foro. Cierra Simón. Suena*

76. rudeness
77. purse
78. she tells in detail
79. kilograms (*1 kilogram = 2.2046 pounds*)
80. nine days of religious devotion
81. **San Raimundo** Saint Raymond (1236–1315), philosopher and writer.
82. tweezers
83. entrance
84. horseshoe
85. Grecian fret, ornamental network
86. she sweeps
87. crumbs
88. tablecloth
89. **No pongas esa cara** Don't make that face
90. **pasado mañana** day after tomorrow
91. Manager.
92. (*theater*) Exit

el timbre[93] *de la puerta. Abre Simón. Margarita en el umbral.*)
¡Ya sé cuál era la sorpresa! ¡El sombrero! ¿Te gusta? ¡Es una
maravilla! Realmente no parece un sombrero. Es una mezcla
deliciosa entre tarta de moka y cojín[94] árabe. ¡Sesenta mil
francos!   5
SIMON. ¡Magnífico!
BRIGETTE. (*Desde dentro.*) ¡Margarita!
MARGARITA. Adiós, cariño. ¡Cuídate! ¡Voy, voy!
(*Y sale disparada*[95] *por el foro. Simón cierra la puerta.*)
SIMON. ¿Cómo has conseguido[96] que tu mujer no hable?   10
ENRIQUE. No. Si es que no la deja la tuya. Cuando está sola, no hay
quien la pare.
SIMON. Es un prodigio de locuacidad.
ENRIQUE. Acuérdate que el agente que vino a hacernos el seguro
de vida, le habló media hora seguida[97] y terminó haciéndose   15
él un seguro también.
SIMON. De soltera, tenía un primo que vivía con ella y con los
padres que, por cierto, se ha ido a donde se van todos los
españoles.
ENRIQUE. A Venezuela.   20
SIMON. Eso. Bueno, pues se compró un loro[98] y lo echó a discutir
con Margarita.
ENRIQUE. Se murió, claro.
SIMON. No. Pero se puso muy triste y se pasaba todo el tiempo
diciendo: "Esto no se hace con un pájaro ... esto no se hace   25
con un pájaro" ... (*Se han asomado los dos a la terracita.
Saludan hacia la calle.*) ¡Abrígate[99] bien Margarita! ¡Por
Dios!
ENRIQUE. Que en el campo hace siempre frío.
SIMON. No te vayas a enfriar, cariño.   30
ENRIQUE. ¡Cuidado[100] con el agua! ¡Hervirla![101]
SIMON. El sábado vamos, tonta. ¡No llores!
(*Le tira un beso.*)

93. bell	98. parrot
94. cushion	99. Wrap up
95. like a shot	100. (Ten) Cuidado (Be) Careful
96. managed	101. Boil it!
97. straight	

ENRIQUE. ¡Hasta el sábado, cielo!

LOS DOS. ¡Adiós! ¡Adiós!

(*Escuchamos un motor de coche que va haciéndose cada vez más débil. Simón y Enrique siguen saludando. Luego retornan[102] a*
5   *escena en silencio. Simón toma el teléfono y marca[103] un número.*)

SIMON. (*Al aparato.*) ¿Lulú? De Simoncito. (*Tórrido.*) ¡Hola, chata![104] Sí. Se acaba de marchar al campo. Y con la mujer de ese amigo de quien te hablé. Os esperamos. A ti y a la Princesa. (*Definitivo.*) Oye, Lulú. Dijiste que tenías una amiga para mi
10 amigo. No, no. Sin amiga no hay nada que hacer. ¿Quién? Aguarda. (*A Enrique.*) Que si en vez de la Princesa te da igual[105] la "Allons enfants".[106]

ENRIQUE. ¿Morena?

SIMON. (*Al aparto.*) Oye... ¿La "Allons enfants" es morena?
15 Tiene que ser morena. Es que la mujer de mi amigo es rubia y si le traes a otra rubia, le va a parecer que no engaña a nadie. (*A Enrique.*) ¿Vale castaña?[107] (*Asiente Enrique.*) Oye, Lulú. Que sí, que castaña ... ¿Eh? ¿Estás sola? Me parecía oír una voz de hombre. ¡Ah, tu madre! Bueno. Os aguardamos. Te dejo
20 la llave debajo del felpudo.[108] Así no necesitas llamar. Cuanto menos os oigan, mejor.[109] Tráete la guitarra, que hoy me voy a soltar el pelo.[110] Rock-and-roll a la guitarra, sí, señora. Recoge a ésa y vente pronto. Si nos aburrimos, terminaremos la cosa en Casa Roma. Claro que en los reservados. ¿Qué querías? ¿En la
25 terraza? (*Cuelga.*) Dentro de un rato están aquí. ¿Qué te pasa?

ENRIQUE. No saldrá,[111] Simón. Ya verás cómo no sale.

SIMON. ¡Qué tontería!

ENRIQUE. Son tres veranos ya. Tres veranos intentando hacer el pillín[112] solitario fuera como fuese.[113] Y no había modo.

---

102. they return
103. dials
104. honey, cutie
105. **te da igual**   is all right with you
106. **Allons enfants** *from French national anthem*   Let us go, children
107. chestnut-colored
108. mat
109. **Cuanto ... mejor**   The less they hear you the better
110. **soltar el pelo**   to let down my hair
111. **No saldrá (bien)**   It will not turn out (well)
112. **hacer el pillín**   to play the rogue
113. **fuera como fuese**   come what might

SIMON. Porque enfocas[114] mal los asuntos.

ENRIQUE. No es cuestión de enfoque, Simón. Es cuestión de suerte. Y el destino ha dispuesto que yo no engañe a Brigette por mucho que[115] me lo proponga, y no la engaño.

SIMON. ¡Tonterías! 5

ENRIQUE. Acuérdate de la platino[116] del verano pasado.

SIMON. Bien que[117] saliste con ella.

ENRIQUE. Y cuando, por fin, la tenía convencida, le da un ataque de apendicitis.

SIMON. Bueno, pues la del verano antepasado.[118] 10

ENRIQUE. Claudette.

SIMON. Sí.

ENRIQUE. Con ésa fue peor.

SIMON. ¿También le dio apendicitis?

ENRIQUE. A ella, no. Me dio a mí. Quince días de sanatorio. Ciento 15 veinte mil francos. Y Brigette pegada a la cama.

SIMON. Bueno, bueno.

ENRIQUE. Desengáñate. A mí en verano, lo único que se me da bien[119] son las novelas policíacas.[120] (*Simón ha abierto el ropero. Saca de dentro una mesita más grande, que viene a sus-* 20 *tituir la mesita situada frente al sofá.*) Sobre todo ésas en que matan al conde. En cuanto veo que han matado al conde, ya sé que el asesino es el chico inocente.

SIMON. No presumas.[121] Todos sabemos que te lees el final antes de empezar. 25

ENRIQUE. También es verdad. Pero me resulta mejor, porque así ya me las leo sobre seguro.[122]

SIMON. Dame un mantel.

ENRIQUE. ¿De dónde?

SIMON. En el ropero. Voy a calzar[123] esta mesa. (*Se inclina, en* 30 *efecto, a realizar tal operación. Enrique penetra en el ropero. Un quejido.*[124]) La percha,[125] ¿verdad?

114. you focus
115. **por mucho que** however much
116. **platinum blond**
117. **Bien que** Although
118. before last
119. **se me da bien** turns out well
120. for me
121. detective
122. boast
123. **sobre seguro** without risk
124. to put a wedge under
125. moan
126. clothes pole

114. you focus
115. **por mucho que** however much
116. platinum blond
117. **Bien que** Although
118. before last
119. **se me da bien** turns out well
120. detective
121. boast
122. **sobre seguro** without risk
123. to put a wedge under
124. moan
125. clothes pole

ENRIQUE. Sí, guapo, Podías poner un cartelito.

(*Sale frotándose*[126] *la frente.*)

SIMON. El otro día por poco[127] no se quedó en el sitio.

ENRIQUE. ¿Tu mujer?

5 SIMON. Sí. Dame ese mantel de una vez.

ENRIQUE. ¿Tú crees que se habrán marchado?

SIMON. ¿Quiénes?

ENRIQUE. Margarita y Brigette.

(*Simón se pasa una mano por la frente.*)

10 SIMON. Escucha, Enrique...

ENRIQUE. A lo mejor[128] pierden el tren.

SIMON. ¡Enrique! De una vez. Voy a divertirme esta noche, cueste lo que cueste.[129]

ENRIQUE. Pero...

15 SIMON. Si al abrazar a la castaña le da perforación intestinal, te la llevas a una clínica y yo sigo aquí, divirtiéndome.

ENRIQUE. Si yo...

SIMON. He trabajado todo el año. Dentro de unas horas me nombran Director-Gerente de Autos Liliput,[130] S. A.[131] y empe-

20 zaré a trabajar menos. (*Enrique va a hablar y Simón le corta.*) ¡Pero tendré más responsabilidad! La Lulú se va pasado mañana a Cannes.[132] Tengo derecho a echar una cana al aire.[133]

ENRIQUE. Desde luego.

SIMON. Margarita y Brigette están ya camino del[134] hotelito. No

25 sospechan nada. Se han llevado el punto.[135] Soy libre, feliz, alto, acabo de cumplir[136] treinta y cinco años y encuentro un taxi nada más[137] por salir a la calle. ¿Entendido? ¡Soy un tío[138] grande!

126. rubbing
127. **por poco**   almost
128. **A lo mejor**   Probably
129. **cueste lo que cueste**   cost what it may
130. Lilliput, an imaginary island in *Gulliver's Travels,* by Jonathan Swift (1667–1745), English satirist. The inhabitants were six inches tall; thus, anything diminutive.

131. **S. A. = Sociedad Anónima** Stock Company
132. City in southeastern France, on the Mediterranean.
133. **echar ... aire**   to go on a spree
134. **camino del**   on the way to the
135. needlework (i.e., they will not worry about us)
136. reached the age of
137. **nada más**   just
138. fellow

ENRIQUE. Sí, Simón.

(*Todo lo anterior lo ha dicho Simón francamente exaltado,*[139] *cogiendo a Enrique por las solapas*[140] *y zarandeándolo*[141] *suavemente.*)

SIMON. No dejaré que me estropees[142] la noche. 5

ENRIQUE. No, Simón.

SIMON. Va a ser sonada.[143] ¿Conoces Casa Roma?

ENRIQUE. Está por las afueras,[144] ¿no?

SIMON. Sí ¡Qué ambiente![145] ¡Qué discreción! ¡Y qué reservados, chico! En cuanto nos aburramos aquí, seguimos allí el jolgo- 10
rio.[146] René, el camarero, es íntimo amigo mío. Y a Lulú la
metes en Casa Roma y le suena la guitarra a néctar.[147]

ENRIQUE. ¿Seguro que nos divertiremos?

SIMON. Abrigo[148] esperanzas.

ENRIQUE. El hombre no tiene solución. De joven abriga esperanzas 15
y de viejo abriga vicetiples.[149]

SIMON. (*Dándose una palmada*[150] *en la frente.*) ¡La tortilla de patatas![151]

ENRIQUE. ¿Qué?

SIMON. Se me ha olvidado la tortilla de patatas. 20

ENRIQUE. No tengo apetito, gracias.

SIMON. Si es para la Lulú.

ENRIQUE. ¡Qué bárbaro! ¿Toma tortilla de patatas a esta hora?

SIMON. Sí, señor. La pone[152] romántica. Una buena tortilla de patatas y haces lo que quieres de ella. 25

ENRIQUE. No me digas.

SIMON. Según parece, en la primera caída hubo una pierna de
cordero por medio.[153]

139. excited
140. lapels
141. moving him to and fro
142. you ruin
143. talked about
144. outskirts
145. atmosphere
146. fun
147. **le suena ... néctar**   the guitar
seems like nectar to her

148. I cherish
149. chorus girls
150. **Dándose una palmada**
Slapping himself
151. **tortilla de patatas**   potato
omelet
152. **La pone**   It makes her
153. **en la primera ... por medio**
the first fall (from grace) was
caused by a leg of lamb dinner

ENRIQUE. Siempre he pensado que las mujeres van al cine con los
hombres por las patatas fritas.[154]

Exercises

I. *Translate the following idiomatic sentences:*
1. Se trata de una habitación.
2. En seguida bajan.
3. En efecto, si Enrique ha roto un plato en su vida debió
pegarlo.
4. Tendrá que ir a cenar.
5. De pronto. ¡Ay, Simón! Tengo que darte una sorpresa.
6. Pongo en tu conocimiento que te quedan sólo diez y ocho
minutos.
7. ¡Eso es! Las maletas.
8. Llevo cinco horas en la casa.
9. ¿Las llevo puestas?
10. Por supuesto, de otra.
11. No pongas esa cara, hombre.
12. Se compró un loro y lo echó a discutir con Margarita.
13. Pero se puso muy triste y se pasaba todo el día diciendo:
"Esto no se hace con un pájaro".
14. Escuchamos un motor de coche que va haciéndose cada vez
más débil.
15. Se acaba de marchar al campo.
16. Es que la mujer de mi amigo es rubia.
17. ¿Qué te pasa?
18. Y el destino ha dispuesto que yo no engañe a Brigette por
mucho que me lo proponga.
19. El otro día por poco la percha no se quedó en el sitio.
20. Dame ese mantel de una vez.
21. A lo mejor pierden el tren.
22. Desde luego.

154. fried

II. *Answer the following questions in Spanish:*
    1. Describa la escena.
    2. ¿Qué hay en el segundo término?
    3. ¿Cómo es Simón?
    4. ¿Cómo es Enrique?
    5. ¿Qué hace el portero?
    6. ¿Qué va a hacer Simón con las palas?
    7. ¿Cómo es Margarita?
    8. ¿Cómo es Brigette?
    9. ¿Qué más llevarán?
    10. ¿Cuánto tiempo les queda?
    11. ¿De qué debe cuidarse Simón?
    12. ¿Cuánto tiempo lleva Enrique en casa?
    13. ¿Qué conducta debe seguir Simón?
    14. ¿Quién le telefoneó a Margarita, y por qué?
    15. ¿Qué hay en el bolso de Margarita?
    16. ¿Cuál era la sorpresa de Margarita?
    17. ¿Por qué quería morena Enrique?
    18. ¿En dónde va a dejar Simón la llave?
    19. ¿Puede Enrique hacer el pillín solitario?
    20. ¿Qué tipo de novelas prefiere Enrique en el verano?
    21. ¿Por qué necesita Simón echar una cana al aire?

Learn this vocabulary
before you read pages 16-26

ahora mismo right now	**maldito** cursed
amenazar to threaten	**manga** sleeve
animarse to cheer up	**porvenir** *m.* future
apretar to squeeze	**prender** to seize
apuntar to note down	**rabioso** raging
botella bottle	**rueda** wheel
citar to summon	**servilleta** napkin
de vez en cuando from time	**sudor** *m.* sweat
to time	**suspirar** to sigh
empujar to push	**tropezar con** to run into
limpiar to clean	

SIMON. ¡Ah ... la llave!
(*Muestra un llavín.*[1] *Acude al foro. Abre la puerta de par en par*[2] *e introduce debajo del felpudo el llavín. Toma al tiempo*[3] *una botella de leche que hay en el descansillo.*[4])

5   ENRIQUE. Buen momento de dejar la leche.

SIMON. Pues no somos los únicos. Casi todos los vecinos la encargan.[5] En verano se corta fácilmente. Es preferible que te dejen un litro[6] por la mañana y otro por la noche.

ENRIQUE. Además la leche se bebe como agua.

10 SIMON. ¡Y con mi estómago! (*Deja la botella sobre la mesita de las bebidas.*) ¿Algo más?... ¡Música!

ENRIQUE. "Noche y día."[7]

SIMON. Un pericón.[8] Le gusta.

ENRIQUE. Sabes que la Lulú es Ingrid Bergman.[9]

---

1. latchkey
2. **de par en par** completely
3. **al tiempo** at the same time
4. landing (of stairs)
5. order
6. liter (*1.0567 quarts*)

7. Music and words by Cole Porter (1893–1964).
8. Popular national dance.
9. Ingrid Bergman (1917–), Swedish movie star.

SIMON. Supongo que a una mujer, en una noche como ésta, no le vas a pedir que te explique la guerra de los Treinta Años.[10]

ENRIQUE. ¿Se limpia con servilleta o con manga?

SIMON. Ya está bien,[11] ¿no? Busca tú otras.

ENRIQUE. No, hijo, no. Me da un homenaje el Hospital Provincial. 5

(*Simón ha estado disponiendo los discos*[12] *en el pick-up.*)

SIMON. (*Por los discos.*) "Ramona."[13] Vals. "Viaja conmigo a Tahití."[14] Ulaula.[15] "Oh, querida, esta noche hay plenilunio[16] y me siento solo."[17] Fox.[18] "¿Es que no vas a venir, querido, a tomar whisky con soda?"[19] Rock-and-roll. Mira, aquí hay una 10 marcha que le puede gustar a la Lulú. "We have alone to smoking with reading please."[20]

ENRIQUE. El título promete mucho.

SIMON. Empezaremos con "Ramona", seguiremos con la marcha y después irá el pericón. Para rematar,[21] yo cantando por lo 15 bajini[22] a la guitarra.

ENRIQUE. ¿Para rematar a quién?

SIMON. La sesión. Rock-and-roll a todo meter.[23] Mi especialidad. ¡Alegra esa cara, hombre!

ENRIQUE. No te molestes; pero yo, por si[24] las moscas,[25] me he 20 traído "El asesinato de Rogelio Akroyd".[26] (*Le muestra una novela. La toma Simón.*) Está muy bien. El asesino es médico. Me la voy a leer.

SIMON. (*Hojeándola.*)[27] Doctor Seppard.[28]

ENRIQUE. Sí. 25

---

10. **la guerra ... Años** (1618–1648) War between Catholic and Protestant armies in central Europe.

11. **está bien** that's enough

12. records

13. Popular song by Mabel Wayne.

14. Fictitious name of song.

15. Oo-la-la.

16. full moon

17. **"Oh, ... solo."** "Oh, Baby Mine, I Get So Lonely." Words and music by Pat Ballard, 1953.

18. Fox trot.

19. Caricature of title of modern song.

20. Parody of style of song popular in 1958.

21. finish off

22. **por lo bajini** in a very low voice

23. **a todo meter** in all rhythms

24. **por si (acaso)** in case of

25. impertinent intruders

26. Detective story by Agatha Christie (1891–).

27. Leafing through it.

28. **Doctor Seppard** Dr. Samuel Sheppard (1924–1970), convicted of the murder of his wife.

SIMON. Ambiente misterioso, un dictáfono, dagas venecianas...[29]

ENRIQUE. Supongo. Si no meten dos o tres camelos[30] de ésos... Un médico asesinando así a las claras.[31]

SIMON. No tan camelo.

5 ENRIQUE. ¿Eh?

(*Simón se ha sentado.*)

SIMON. Si lo miras[32] bien, cualquier ambiente puede ser misterioso y cualquier hombre un asesino.

ENRIQUE. Oye...

10 SIMON. ¡Cualquiera!

ENRIQUE. Yo, no.

SIMON. Tú, el primero.

ENRIQUE. Pero...

SIMON. Y aunque no lo fueras, bastaría con que[33] todo se con-

15 jurase[34] para hacerlo creer así. Estamos bailando en la cuerda floja[35] del asesinato. Un hombre te da la mano. Tú le dices: "Venga aquí. En el arroyo[36] nos puede pillar[37] un coche". Lo traes a la acera. Resbala.[38] Se da un golpe.[39] Muerto.

ENRIQUE. Accidente.

20 SIMON. Era tu amigo. Su mujer, tu amante. Quedasteis citados para tomar una decisión.[40] Le hiciste caer.

ENRIQUE. ¡Resbaló!

SIMON. ¿Quién lo prueba?

ENRIQUE. Una castañera[41] que había en la esquina.

25 SIMON. Verano.

ENRIQUE. (*Sudando.*) Pasaba una señora.

SIMON. Pendiente de[42] su niño.

ENRIQUE. (*Casi sollozando.*[43]) Sola.

SIMON. Corta de vista.[44] Lo mataste tú. Proceso.[45] Sentencia.

---

29. **dagas venecianas** small, elegant daggers
30. **flirtations**
31. **a las claras** openly
32. you consider
33. **con que** provided that
34. **se conjurase** conspired
35. **cuerda floja** acrobat's rope
36. **gutter**
37. **surprise**
38. He slips.
39. **Se da un golpe.** He is hit.
40. **tomar una decisión** to get a court decision
41. chestnut vendor
42. **Pendiente de** Hanging on to
43. sobbing
44. **Corta de vista.** Nearsighted.
45. **Trial.**

ENRIQUE. (*Aterrado.*)[46] Recurro.[47]

SIMON. Desestiman.[48]

ENRIQUE. Entonces...

SIMON. Guillotina.

ENRIQUE. ¡Mi madre! 5

(*Queda inmóvil, desencajado,*[49] *el rostro empalidecido.*[50])

SIMON. (*Encendiendo un cigarro.*) Esto mismo. Viene la Lulú. Nada de amor. Chantaje.[51] Voy a ser Director-Gerente de Autos Liliput. Ya conoces la moralidad del Consejo de Administración. Severísima. El escándalo tiraría por los suelos[52] 10 mi porvenir.

ENRIQUE. ¿Ella?

SIMON. Amenaza con darlo.[53]

ENRIQUE. Y contárselo todo a Margarita.

SIMON. Eso. Quiere huir... 15

ENRIQUE. Lo evitas.

SIMON. Le pongo la zancadilla.[54]

ENRIQUE. Penalty.

SIMON. Golpe directo.

ENRIQUE. En la sien.[55] 20

SIMON. Se acabó.

(*Un silencio.*)

ENRIQUE. (*Sudoroso.*) Oye, ¿por qué no pones ese pericón, a ver si nos animamos un poco?

SIMON. Hay un cadáver. 25

ENRIQUE. (*Dando un respingo.*[56]) ¿En dónde?

SIMON. El de Lulú.

ENRIQUE. ¡Ah!

SIMON. Es necesario que nadie lo vea.

ENRIQUE. ¡Pero tú no la has matado! 30

SIMON. Pruébalo.

---

46. Terrified.
47. I have recourse.
48. They reject.
49. looking bad
50. grown pale
51. Blackmail.

52. **tiraría por los suelos**   would ruin
53. cause it (i.e., scandal)
54. booby trap
55. temple
56. gesture of revulsion

ENRIQUE. ¿Estaba yo delante?[57]

SIMON. No, hombre, no. Estabas en la cocina.

ENRIQUE. ¡Mecachis![58]

SIMON. Decido meter el cadáver en ... en...

5   ENRIQUE. En el baño. Como en las películas.

SIMON. Los muertos pesan mucho. Camino largo. No. En el ropero. Tú lo descubres. Me acusas. Me denuncias.

ENRIQUE. ¡Simón de mi vida! Mata a quien mates ... yo soy incapaz, Simoncito, yo soy tu amigo...

10 (*Empieza a abrazarle, enloquecido.*[59])

SIMON. ¡Está bien, idiota! ¡Está bien! Vamos, vamos, reacciona.

ENRIQUE. (*Secándose el sudor con el pañuelo.*) Pues ha empezado
la noche que como la castaña no me haga cosquillas...[60]

SIMON. ¿Qué? ¿Te das cuenta? Todos podemos ser unos asesinos.

15 O, al menos, podemos parecerlo.

ENRIQUE. Mira, Simón ... yo soy un francés medio,[61] con su gabardina tres telas,[62] y a mí estas cosas no me van.[63] De ahora en
adelante,[64] procura frenar[65] la imaginación, porque me has
dado un mal rato...

20 SIMON. Es para que comprendas que entre una novela policíaca
y la realidad, a veces, no hay tanta distancia.

(*Suena el timbre de la puerta.*)

ENRIQUE. ¡Las prójimas![66]

SIMON. No. hombre. Tienen la llave debajo del felpudo. ¿Quién

25 es?

NOEMI. (*Desde dentro.*) Noemí ... la vecina.

SIMON. ¡Vaya por Dios![67]

ENRIQUE. ¿Quién es?

SIMON. La del piso de al lado. La sobrina de esa vieja que está

30 muriéndose todos los días. Procuraremos que no entre.

---

57. present
58. Confound it!
59. out of his mind
60. **no me haga cosquillas**   does
not stir up my curiosity
61. average
62. **gabardina tres telas**   all-
weather gabardine coat made of

three materials
63. **no me van**   do not suit me
64. **De ... adelante**   From now on
65. to restrain
66. sluts
67. **¡Vaya por Dios!**   For heaven's
sake!

(*Abre la puerta del foro. En el umbral Noemí. Bonita, dulce, ingenua.*)

NOEMI. Perdone que le moleste. ¿No han llamado ustedes a mi puerta?

SIMON. Pues[68] no.   5

NOEMI. ¡Qué raro! Han llamado y me he retrasado[69] un instante en abrir. La tita[70] quería que le ahuecase[71] el almohadón. Cuando he abierto no había nadie.

SIMON. Pues nosotros, no.

NOEMI. Como nos suelen avisar por teléfono cuando nos han lla-   10
mado a la puerta.

SIMON. Esta vez, no.

NOEMI. ¡Qué rarísimo! En fin. ¿Me permite hacer una llamada? Tengo que avisar al médico. (*Mirada entre Simón y Enrique.*) Con su permiso. (*Es inevitable. Penetra.*) Buenas noches.   15

ENRIQUE. Buenas.

NOEMI. (*Toma el teléfono.*) 1–21–08 Noemí Pard. ¡Ah! Sí, como siempre. Hace unos minutos le ha dado un mareo.[72] No, doctor. No está mi novio en casa. Pues eso es lo malo. Que no encuentro la medicina. He debido perderla... Usted querrá   20
traerla... ¿Mañana? Gracias. Cuanto antes.[73] Se pone a morir, ya lo sabe usted... Gracias.

(*Cuelga.*)

SIMON. ¿No mejora su tía?

NOEMI. Estas cosas del corazón ... y a su edad...   25

SIMON. ¿Por qué no va a un buen especialista? Con el dinero que tiene...

NOEMI. La han visto ya todos los médicos de la ciudad. No puede hacerse mucho. ¡Ah! ¿Podría usted prestarme una cafiaspi-rina?[74] Perdone que le moleste tanto. Estoy sola con ella y no   30
me atrevo a bajar a la calle. Mi novio va a venir. El siempre lleva un tubo.[75] Pero tarda un poco y me estalla[76] la cabeza.

---

68. Certainly
69. delayed
70. auntie
71. me to fluff up
72. **le ha dado un mareo**   she became nauseated

73. **Cuanto antes.**   As soon as possible.
74. coffee-flavored aspirin
75. bottle
76. is bursting

SIMON. (*Cogiendo un tubo.*) ¡La última!

NOEMI. En cuanto mi novio venga se la devuelvo.

SIMON. ¡Por Dios ... no hace falta!

NOEMI. Es el maldito hígado,[77] ¿sabe? Mi novio está para[78] termi-

5   nar la carrera de medicina. Y dice que todo el mundo tiene el
         hígado enfermo.

SIMON. Y al que no lo tiene, se lo ponen.[79]

NOEMI. A mí hasta me dan mareos y náuseas.

SIMON. (*Enloquecido de inquietud.*[80]) ¡Pero qué interesante!

10   NOEMI. ¡Claro que mi novio me ha puesto un plan[81] severísimo!

SIMON. (*A Enrique.*) Tres duros[82] a que nos cuenta el plan.

NOEMI. Un plan muy original. Ni huevo, ni leche, ni chocolate, ni
         licores...

SIMON. Ni cigarros puros.

15   NOEMI. Pues desde que hago el plan me encuentro mucho mejor.

SIMON. (*Empujándola hacia la puerta.*) Pues nada, a mejorarse
         del todo.

NOEMI. La tita no quiere oír hablar de[83] Julio.

SIMON. ¿La molesta el verano?

20   NOEMI. Mi novio. Se llama Julio.

SIMON. ¡Ah!

NOEMI. Dice que no me quiere, que si me quisiera ya sería médico
         del todo. Le quedan algunas asignaturas.[84] Quince o veinte.

SIMON. Que tiene mala suerte. A Fleming,[85] ya ve usted, no le

25   quedaba ninguna.

NOEMI. Lo de siempre.[86] Unos mucho y otros nada.

SIMON. (*De pronto.*) ¿Ha dicho usted que se iba?

NOEMI. ¡No! ¿Su señora se marchó ya?

SIMON. Sí.

30   NOEMI. Como veo ahí el baúl.

---

77. liver
78. **está para**   is about to
79. **se lo ponen**   they suspect it
80. anxiety
81. diet
82. 1 **duro** = 5 pesetas (approx-
    imately 50 francs)

83. **oír hablar de**   to hear about
84. courses
85. Sir Alexander Fleming (1881–
    1955), British bacteriologist and
    discoverer of penicillin.
86. **Lo de siempre.**   The same old
    thing.

SIMON. Se lo tengo que facturar[87] mañana. Se han llevado lo preciso.

NOEMI. Esto del campo es una lata,[88] ¿eh?

SIMON. Una lata, sí.

(La empuja hacia la puerta, después de consultar su reloj.) 5

NOEMI. Si necesita usted alguna cosa, no dude en[89] pedírmela... No tendrá cena hecha.[90] ¿Quiere usted una tortilla de patatas?

ENRIQUE. ¡Hombre!

NOEMI. Se la hago en un momento.

SIMON. No. Déjelo.[91] Cenamos fuera. Adiós, adiós. ¡Que se mejore 10 su tía! Buenas noches. *(Saca a Noemí como puede y cierra la puerta.)* ¡Dios mío... !Creí que no se iba.

(Unos golpecitos en la puerta. Abre Simón. Noemí en el umbral.)

NOEMI. ¿De dos huevos o de tres?

SIMON. Gracias, señorita ... no se moleste... ¡De verdad! No es 15 necesario. *(Cierra de nuevo.)* ¡Y ésas dos sin venir!

ENRIQUE. Cuando se case no habrá quién le haga freír un huevo.[92]

SIMON. ¡Espera! *(Se escucha un portazo.[93])* ¡Ya! *(Agitado.)* Estamos sin bebidas. De prisa. Baja al bar y súbete[94] un par de botellas de champagne. Dices que son para mí. Voy a preparar 20 unas almendritas.[95]

ENRIQUE. ¿El guateque[96] es una consecuencia de la almendra o la almendra es una consecuencia del guateque?

SIMON. ¡Vamos ... corre!

ENRIQUE. ¿Qué clase de champagne? 25

SIMON. La que sea. Que me lo apunten. ¡Espera! *(Lo coge. Lo abraza.)* Enrique...

ENRIQUE. Me he dejado la cartera en casa.

SIMON. No, hombre. Quería decirte sólo que la diversión, como los bígaros,[97] está dentro. 30

ENRIQUE. ¿Dentro?

87. to send	egg for you
88. bore	93. (door) slam
89. **no dude en** do not hesitate to	94. bring up
90. prepared	95. little almonds
91. Never mind.	96. party
92. **le ... un huevo** will fry an	97. sea snails

SIMON. Dentro de uno mismo. De nada servirá que te rodees de muchachas bonitas, de champagne o de música, si tú no estás divertido. Prepárate.

ENRIQUE. Sí, Simón.

5   SIMON. (*Manotazo*[98] *al pecho.*) El pecho fuera. (*Saca el pecho*[99] *Enrique.*) ¡La cabeza erguida![100] (*Levanta Enrique la cabeza a impulso de*[101] *un empellón*[102] *de Simón a la barbilla.*[103]) ¡Los dientes fuera! (*Sonrisa "Profiden"*[104] *de Enrique.*) ¡Ja, ja, ja!

ENRIQUE. (*Automáticamente.*) ¡Ja!

10   SIMON. ¡Viva la noche!

ENRIQUE. ¡Viva!

SIMON. ¡Viva el champagne!

ENRIQUE. ¡Viva!

SIMON. ¡Vivan las mujeres!

15   ENRIQUE. Las de los otros.

SIMON. Las nuestras en el campo.

ENRIQUE. (*Lo abraza.*) Somos dos sinvergüenzas.[105]

SIMON. Sobre todo, tú.

ENRIQUE. ¡Eso!

20   SIMON. ¡Por el champagne!

ENRIQUE. ¡Qué diversión! ¡Me mondo![106]

(*Sale corriendo, abre la puerta del foro y desaparece. Simón mira a sus alrededores. Descuelga*[107] *el auricular*[108] *del teléfono. Conecta el pick-up y desaparece por la derecha. "Ramona" co-*

25   *mienza a sonar. Y la puerta del foro se abre. Un hombre en el umbral, joven aún. Vestido con insoportable atildamiento.*[109] *Tiene un aspecto desagradable y una sonrisa antipática. Deja el llavín sobre la mesa, junto a la botella de leche. Toma un cigarrillo de una cajita. Lo enciende, después de prender un fósforo*[110] *que*

30   *toma de una cerillera.*[111] *Busca una bebida. No encuentra nada.*

---

98. **Slap**
99. **Saca el pecho**   Throws out his chest
100. **erect**
101. **a impulso de**   impelled by
102. **shove**
103. **tip of the chin**
104. **forced (*lit.* brand of toothpaste)**
105. **rascals**
106. **¡Me mondo!**   I am getting rid of my money!
107. **He takes down**
108. **receiver**
109. **neatness**
110. **match**
111. **matchbox**

Destapa[112] *la botella de leche, se sirve un vaso y lo bebe sin prisa.*
Simón aparece por la derecha. Se ha puesto una chaqueta[113] *más*
"comm'il faut"[114] *y ha cambiado su corbata.)*

SIMON. (*Al desconocido, mientras abre el ropero.*) Buenas noches.

DUPONT. Buenas...   5

(*Simón se ha introducido en el ropero. Hay una pausa y ahora*
sale atónito,[115] *con un cubo*[116] *de champagne en la mano.*)

SIMON. Yo ... yo no tengo el gusto de conocerle.

DUPONT. (*Frío.*) Le pasa igual que a mí con Eisenhower.[117]

SIMON. ¿Por dónde ha entrado?   10

DUPONT. ¿No tiene coñac?[118]

SIMON. No, señor. (*Dupont suspira y bebe otro trago*[119] *de leche.*
   Se sirve más.) Oiga, de una vez ... ¿por dónde ha entrado?

DUPONT. Por la puerta. (*Un gesto*[120] *de Simón.*) El llavín está ahí.

SIMON. Pero usted...   15

DUPONT. Llámeme Dupont. Siempre es de actualidad.[121]

SIMON. Voy a avisar a la policía.

DUPONT. Muy bien. Y yo a su mujer. Y a la Empresa[122] de Autos
   Liliput S.A. La joya[123] del ciudadano. Viaje usted sobre cuatro
   ruedas, doblado en cuatro dobleces.[124]   20

(*Simón deja el auricular lentamente.*)

SIMON. (*Rabioso.*) Es usted...

DUPONT. Dupont.

SIMON. ¿Y qué más?

DUPONT. El hermano de Lulú.   25

SIMON. ¡El hermano! No sabía que tuviera un hermano .

DUPONT. Pongamos[125] que soy un hermano de doblaje[126] español.

SIMON. ¡Ah!

---

112. He opens
113. jacket
114. **"comm'il faut"** *French*
   suitable
115. amazed
116. bucket
117. Eisenhower, Dwight D. (1890–
   1969), President of the United
   States and general.
118. cognac
119. swallow
120. gesture
121. **de actualidad** of importance
   at the moment
122. Company
123. jewel
124. **doblado ... dobleces** folded
   into four folds (*Refers to*
   smallness of the cars.)
125. Let us suppose
126. **hermano de doblaje** false
   brother; half lover

DUPONT. Admito dádivas[127] de ella. De vez en cuando.

SIMON. Muy bien.

DUPONT. No tiene nada de particular.[128] El Estado subvenciona[129] la Opera y Lulú me subvenciona a mí que soy bastante más
5 gracioso.

SIMON. No tengo dinero.

DUPONT. Ahora cuénteme el del loro que está constipado. (*Serio.*) Oiga, muchacho. Cincuenta mil de los grandes[130] por la paz conyugal, la dirección de Autos Liliput y este paquete de car-
10 tas. (*Le enseña un paquete de sobres.*) ¿Le leo los encabezamientos?[131]

SIMON. No hace falta. Los conozco bien.

DUPONT. Y ni una palabra a la Lulú. Ella no sabe que estoy aquí. En metálico,[132] por favor. (*Simón aprieta los puños.*[133]) Me
15 impaciento. (*Simón, resueltamente, toma la botella de leche. La vuelca,*[134] *la coge por el cuello. Avanza hacia Dupont, que retrocede.*) ¡Eh, Aldebert! ¡No sea tonto! ¡Espere!

SIMON. ¡Fuera! ¡Asqueroso[135] chantajista![136] ¡Fuera! ¡Fuera he dicho!

20 DUPONT. (*Tropezando con los muebles.*) Escuche, Aldebert. Medite lo que hace. Escuche. ¡Espere!
(*Retrocediendo, desconcertado, se ha introducido en el ropero. Un traspié.*[137] *Un golpe seco*[138] *y luego un quejido. Más tarde el inconfundible*[139] *ruido de un cuerpo que se desploma*[140] *al suelo.*)
25 SIMON. (*Tras un silencio.*) ¡Levántese! ¡Y márchese ahora mismo! ¡Vamos! (*Silencio.*) ¡Oiga! ¡Oiga! (*Se introduce en el ropero. Sale al momento*[141] *lívido, aterrado. Sangre en su mano derecha. Balbucea.*[142]) Mu ... er ... to... ¡Dios mío! ¡Dios mío!

127. gifts
128. **nada de particular** nothing peculiar
129. subsidizes
130. **Cincuenta mil de los grandes** 50,000,000 francs
131. headings
132. hard cash
133. fists
134. he overturns
135. Disgusting
136. blackmailer
137. stumble
138. sharp
139. unmistakable
140. **se desploma** collapses
141. **al momento** at once
142. He stammers.

Exercises

I. *Translate the following idiomatic sentences:*

   1. Abre la puerta de par en par.

   2. No te molestes; pero yo, por si (acaso) las moscas, me he traído una novela.

   3. ¿Qué? ¿Te das cuenta?

   4. O, al menos, podemos parecerlo.

   5. De ahora en adelante procura frenar la imaginación.

   6. En fin, ¿me permite hacer una llamada?

   7. Hace unos minutos le ha dado un mareo .

   8. Cuanto antes. Se pone a morir.

   9. ¡Por Dios ... no hace falta!

   10. Mi novio está para terminar la carrera de medicina y dice que todo el mundo tiene el hígado enfermo.

   11. Pues nada, a mejorarse del todo.

   12. Cierra de nuevo.

   13. Quería decirte sólo que la diversión, como los bígaros, está dentro.

   14. Admito dádivas de ella. De vez en cuando.

   15. No tiene nada de particular.

   16. ¡Y márchese ahora mismo.

   17. Sale al momento lívido, aterrado.

   18. Si nesesita usted alguna cosa, no dude en pedírmela.

II. *Explain the use of the subjunctive in each of the following sentences:*

   1. Aunque no lo fueras, bastaría con que todo se conjurase para hacerlo creer así.

   2. Es necesario que nadie lo vea.

   3. Es para que comprendas que entre una novela policíaca y la realidad, a veces, no hay tanta distancia.

   4. Procuraremos que no entre.

   5. En cuanto mi novio venga se lo devuelvo.

6. Dice que no me quiere, que si me quisiera ya sería médico del todo.

7. Cuando se case no habrá quién le haga freír un huevo.

8. No sabía que tuviera un hermano.

9. Supongo que a una mujer, en una noche como ésta, no le vas a pedir que te explique la guerra de los Treinta Años.

10. Perdone que le moleste.

11. Mata a quien mates.

12. Que se mejore su tía.

13. Pongamos que soy un hermano de doblaje.

III. *Answer the following questions in Spanish:*

1. ¿En dónde puso Simón el llavín?

2. ¿Qué había en el descansillo?

3. ¿Qué música prefiere usted?

4. ¿Por qué ha traído Enrique una novela?

5. ¿Cómo explica Simón que cualquier hombre puede ser asesino?

6. ¿Qué haría Simón con el cadáver de Lulú?

7. ¿En dónde vive Noemí?

8. ¿Por qué sonó Noemí el timbre del piso de Simón?

9. ¿Cómo es Noemí?

10. ¿Por qué llamó Noemí al médico?

11. ¿Mejora la tía de Noemí?

12. ¿Por qué quería cafiaspirina ella?

13. ¿Qué plan original de comer tiene Noemí?

14. ¿Qué les ofrece hacer para Simón y Enrique?

15. ¿Qué aspecto tenía el hombre que entró?

16. ¿Qué bebió Dupont?

17. ¿Cómo entró Dupont?

18. ¿Por qué no avisó a la policía Simón?

19. ¿Cuánto le pidió Dupont a Simón?

20. ¿Cómo amenaza Simón a Dupont?

Learn this vocabulary
before you read pages 29-39

alquilar   to rent
apoyarse en   to lean on
arena   sand
arrastrar   to drag
constar   to be clear
enfadarse   to get angry
escalera(s)   stairs, staircase
esconder   to hide
(estar) de prisa   (to be) in
   a hurry
harina   flour

hombro   shoulder
lanzar   to utter
lograr   to succeed in
luchar   to fight, to struggle
manta   blanket
palo   stick
prenda   article of clothing
sereno n.   night watchman;
   adj. serene
tesoro   treasure
vergonzoso   shameful

(*El timbre de la puerta sobresalta*[1] *a Simón. Cierra el ropero. Se pasa una mano por la frente. Abre al fin. Enrique en el umbral con dos botellas de champagne.*)

ENRIQUE. ¡Viva! ¡Fresquitas y todo! Rezumando[2] hielo. ¡Alegría del mar!   5

SIMON. ¡Chist!³

ENRIQUE. "Son para don Simón." "Pues para un tío tan salao,⁴ se las voy a dar frías." Así me lo ha dicho el del bar. ¡Viva!

SIMON. ¿Quieres callar?

ENRIQUE. ¿Qué pasa?   10

SIMON. Nada ... nada. La vecina.

ENRIQUE. Hombre, tampoco he gritado tanto.

SIMON. No, no, claro.

(*Dejándose caer en el sofá.*)

ENRIQUE. ¿Sabes una cosa? Tenías razón. Estar contento es como   15
meterse en una piscina.⁵ Todo consiste en lanzarse.⁶ Mientras bajaba las escaleras ... ¿qué dirás que iba pensando? En apun-

1. startles
2. Oozing
3. Hush!
4. salao = salado   witty
5. swimming pool
6. jumping

29

tarme el número del servicio de ambulancias, por si acaso. Y
al llegar al portal, he reaccionado brillantemente. ¡Al diablo
la tristeza! ¡Y los presentimientos! Que la beso e ingresa[7] en el
Equipo[8] Quirúrgico.[9] ¡Allá ella! Otra vendrá. ¡Estamos solos,
5   somos felices! El caso[10] es divertirse. ¡Tralará,[11] tralará!
SIMON. (*Lúgubre.*) [12] Hay alegrías que merecen palos.[13]
ENRIQUE. ¿Qué?
SIMON. Que eres idiota.
ENRIQUE. ¿Pero así por qué sí?
10   SIMON. ¿Se puede saber a qué vienen esos[14] tralará y esos sal-
titos,[15] majadero[16] del demonio?
ENRIQUE. Yo...
SIMON. Ya tienes edad para estarte quietecito, ¿no? Si quieres te
traigo un cubo y una pala.
15   ENRIQUE. Pero si...
SIMON. El imbécil, riéndose y divirtiéndose así...
ENRIQUE. Yo sólo...
SIMON. Está bien. Cállate ya y estáte quieto. (*Enrique—supone-
mos que por hacer algo—dibuja[17] una sonrisa "Profiden".*)
20   ¿De qué te ríes, eh? ¿Te hago gracia?[18]
ENRIQUE. Es que como tú ... lo de los bígaros.
SIMON. ¡Cállate ya!
(*Asiente Enrique y se arrincona[19] en el sofá. Simón se sienta
junto a él y esconde un instante el rostro entre las manos.*)
25   ENRIQUE. La verdad, Simón. No hay quien te entienda. Hace un
momento, tú mismo decías que lo principal era llevar dentro
de...
SIMON. (*De pronto.*) Me tienes que ayudar a sacarlo.
ENRIQUE. ...uno mismo la alegría. Y conste que yo creo...
30   SIMON. Tienes que ayudarme a sacarlo, Enrique.

7. she enters
8. Team
9. Surgical
10. point
11. Tralala
12. Gloomy.
13. blows with a stick
14. **a qué vienen esos**   what those
... have to do with the case
15. little leaps (for joy)
16. annoying one
17. makes
18. **¿Te hago gracia?**   Do I strike
you as funny?
19. **se arrincona**   gets into a corner

ENRIQUE. ¿El cubo de la basura?[20]

SIMON. Basura. Pero con un traje.

ENRIQUE. ¿Qué?

SIMON. (*Lentamente.*) Ahí, en el ropero ... hay un ... muerto.

(*Silencio. Enrique, de pronto, se echa a reír.*) 5

ENRIQUE. ¡Estupendo! ¡Magnífico!

SIMON. Oye, imbécil...

ENRIQUE. Para troncharse.[21] Cuando vengan las prójimas jugamos a eso. Yo me meto en el ropero y...

SIMON. (*Cogiéndole de las solapas.*) Escucha, estúpido. Un amigo 10
de la Lulú. Subió nada más marcharte.[22] Vino a...

ENRIQUE. A hacerte chantaje.[23]

SIMON. Sí.

ENRIQUE. Que si no, hablaría con tu mujer.

SIMON. Eso es. 15

ENRIQUE. Y con Autos Liliput.

SIMON. Exacto.

ENRIQUE. Un tropezón,[24] un golpe en la cabeza...

SIMON. Sí.

ENRIQUE. Con la percha ... ¿a que ha sido con la percha? 20

SIMON. Con la percha.

ENRIQUE. (*Riéndose como un loco.*) ¡Estupendo! ¡Estupendo!

SIMON. (*Fuera de sí,*[25] *lo zarandea, levantándolo del sofá. Están muy cerca del ropero.*) ¡No te rías, cretino![26] ¡No te rías! Ha sucedido así. Y está muerto ahí dentro. ¡Ahí! 25

ENRIQUE. (*Riéndose.*) Y se enfada y todo... ¡Qué bueno!

(*Simón, desesperado, abre el ropero, mete a Enrique de un empellón y cierra. Cesan las carcajadas.*[27] *Un silencio. Y cuando Simón vuelve a abrir, Enrique cae en sus brazos a plomo,*[28] *sin pizca*[29] *de conocimiento.*[30]) 30

SIMON. ¡Enrique!... ¡Vamos! ¡Vamos! ¡Enrique!

20. rubbish	24. stumbling
21. **Para troncharse.** (A matter to make one) die laughing.	25. **Fuera de sí** Beside himself
	26. idiot
22. **nada más marcharte** as soon as you left	27. bursts of laughter
	28. **a plomo** vertically
23. **A hacerte chantaje.** To blackmail you.	29. a bit
	30. consciousness

ENRIQUE. (*Abriendo los ojos con voz temblorosa.*) ¡Qué bromi ...
ta... más... ton ... ta!

SIMON. ¡Vamos! ¡Reacciona! ¡Te necesito!

ENRIQUE. ¿Para qué?

5   SIMON. Tenemos que sacarlo de aquí.

(*Enrique se vivifica.*[31] *Corre hacia la puerta.*)

ENRIQUE. Sí, sí. Hay que sacarlo.

SIMON. ¿Dónde vas?

ENRIQUE. A casa, a acostarme.

10   SIMON. (*Cortándole el paso.*)[32] Tú no te mueves de aquí.

ENRIQUE. Si está de Dios, Simón. Si a mí los veranos no me van.
Cuando no me operan, al lío,[33] matas a un señor y ya no hay
juerga.[34] Si yo me casé de milagro,[35] Simón. Si para lo que he
nacido de verdad es para agustino.[36]

15   SIMON. Ten calma,[37] imbécil.

ENRIQUE. Eso. Ten calma, imbécil. Pero en casa.

SIMON. Está bien. Márchate. (*Siniestro.*) Te sacará de la cama la
policía.

ENRIQUE. ¿La policía?

20   SIMON. Irá a preguntarte por qué mataste a ese hombre.

ENRIQUE. ¿Yo?

SIMON. Claro. Discutimos. Entraste tú. Dupont me tenía aga-
rrado[38] por el cuello. "Socorro"[39]—grité, ahogándome. Y entonces tú, mi gran amigo, mi hermano casi, cogiste a Dupont,

25   lo llevaste hacia el ropero y allí lo golpeaste contra la percha,
hasta hacerle morir.

(*Una pausa.*)

ENRIQUE. He sido yo capaz...

SIMON. Sí. Fue terrible. Yo te gritaba. ¡Déjalo![40] ¡Déjalo!

30   ENRIQUE. Y yo no lo dejaba.

SIMON. No.

---

31. **se vivifica**   comes to
32. **Cortándole el paso.**   Blocking his way.
33. **al lío**   (*slang*) (I go) to the mistress
34. **spree**
35. **de milagro**   (it was) a miracle
36. Member of Augustinian order. Founded by St. Augustine, Bishop of Hippo (354–430).
37. **Ten calma**   Be calm
38. **seized**
39. **Help**
40. **Let him go!**

ENRIQUE. (*Transición.*) Simón, eres un cochino,[41] de aquí te
    espero.

SIMON. Estás metido en[42] este asunto, Enrique.

ENRIQUE. Tú sabes que todo eso no es verdad.

SIMON. Pruébalo.   5

ENRIQUE. Pues...

SIMON. (*Sereno.*) Será mejor que te quites la chaqueta. Los muer-
    tos pesan una barbaridad. (*Enrique, lentamente, comienza a*
    quitarse la chaqueta. Simón ha encendido nerviosamente un
    cigarrillo.) Hay que suponer dos cosas: que Dupont oyó mi   10
    conversación con la Lulú por teléfono, y que nadie ha sabido
    que se proponía venir aquí. La cosa está clara. Si la policía
    encuentra el cadáver, proceso.

ENRIQUE. Tú no le mataste.

SIMON. ¡Pruébalo, demonio!   15

ENRIQUE. Según tú, un hombre es como un cocinero del palace:
    tiene que probarlo todo.

SIMON. Pues sí. Lo lógico es pensar que luchamos y le produje
    la muerte. Por eso no hay más que una solución: desaparición
    de Dupont.   20

ENRIQUE. ¿En el horno?[43]

SIMON. ¡Vete al cuerno![44] ¿Cómo desaparecen los cadáveres,
    Enrique?

ENRIQUE. Se los llevan en un coche.

SIMON. Muy bien. ¿Y después?   25

ENRIQUE. La tierra.

SIMON. Exacto. Alquilaremos un auto para conducirlo nosotros
    mismos. Ya está[45] el coche. Falta la tierra.

ENRIQUE. Aquí, en la obra[46] de al lado, venden arena.

SIMON. La tierra está entre La Rouge y Ponsecard.   30

ENRIQUE. ¿Qué?

SIMON. Hay un barranco[47] a mano derecha. Falta el féretro...[48] el

---

41. pig, dirty one
42. **Estás metido en** You have
    gotten into
43. oven
44. devil

45. **Ya está (listo)** Now ... is
    (ready).
46. construction
47. ravine
48. coffin

féretro precisamente. (*Está mirando el baúl.*) Y lo acabamos
de encontrar. (*Nervioso.*) Escucha, Enrique. Todo está listo.⁴⁹
Dupont va a ir ahí dentro.

ENRIQUE. ¡Simón! Con los vestidos de Margarita.

5   SIMON. Sacaremos los vestidos de Margarita. No tiene ninguna
importancia. En todas las novelas policíacas meten al muerto
en un baúl. ¡De prisa! En la terracita de la cocina encontrarás
una pala. O dos. Las que he comprado para hacer jardinería⁵⁰
en el hotelito. Tráetelas. Mientras tanto... (*Lúgubre.*) Yo haré
10   el equipaje.⁵¹

ENRIQUE. Simón...

SIMON. ¿Qué?

ENRIQUE. Te parecerá una tontería, pero a mí me da no sé qué⁵²
andar con muertos.

15   SIMON. Esas palabras sonarían mejor en el locutorio⁵³ público de
la prisión. ¡Vamos!

ENRIQUE. Sí, Simón. (*Desaparece por la derecha. Simón arrastra
el baúl hasta cerca de la abierta puerta del ropero. Acciona⁵⁴
la llave y abre el baúl. Tira toda la ropa sobre el sofá. Enrique*
20   *aparece con las dos palas cortas en las manos.*) Había dos ...
como las piernas de Sofía Loren.⁵⁵

SIMON. Está bien. Ven. ¡Vamos! Ven de una vez. No tenemos
tiempo. Las prójimas van a presentarse de un momento a
otro.⁵⁶ Tenemos que salir antes.

25   ENRIQUE. Sí. (*Los dos ocultos por la puerta del ropero.*)

SIMON. De los brazos. ¡Fuerte! (*Una pausa.*) Enrique, por Dios,
¿quieres soltarme el brazo? Es a Dupont a quien tienes que
coger.

ENRIQUE. Sí, sí... A li uni ... a li...⁵⁷

30   SIMON. ¡Cállate! ¡Vamos! (*Un esfuerzo.*) Listo.
(*Cierra el baúl.*)

---

49. **está listo**   is ready
50. gardening
51. **haré el equipaje**   shall do the
     packing
52. **no sé qué**   a strange feeling
53. waiting room
54. He turns

55. **Sofía Loren (1934—)**, Italian
     movie star.
56. **de un momento a otro**   at any
     moment
57. **A li uni ... a li (dos)**   A one, ...
     a two

ENRIQUE. Espera.

SIMON. ¿Qué?

ENRIQUE. Que ha quedado fuera la corbata.

SIMON. Tira de ella.

ENRIQUE. Lo voy a ahogar. 5

SIMON. Espera. (*Abre de nuevo el baúl. Cierra luego.*) Ya está.[58]
(*Toma las palas.*) Ten. (*Le da una.*) Ahora busca en la guía[59]
Autos Unión. Y di que manden un cuatro,[60] plazas[61] amplias.
¡Vamos!

ENRIQUE. ¿Qué hago con la pala? 10

SIMON. Trae acá.

(*Coloca las dos palas sobre el baúl, que ha permanecido siempre
en pie.*)

ENRIQUE. (*Sudoroso busca en la guía.*) No viene... No viene nada
sobre autos... Autos, nada... A... a... a... Hacienda, Ministerio... 15
Harinas... fábrica de...

SIMON. Enrique, auto se escribe sin hache.[62]

ENRIQUE. (*Muy nervioso.*) ¡Jesús, qué modernismos!

(*Simón ha tomado, lleno de extrañeza, un par de llaves de la
mesa. Las mira.*) 20

SIMON. ¿Tú has traído una llave?

ENRIQUE. Yo no.

SIMON. ¿Seguro?

ENRIQUE. Las mías. (*Le muestra el llavero.*[63]) Aquí están.

SIMON. ¿Falta alguna? 25

ENRIQUE. No.

SIMON. Esta es la llave de la casa que Dupont cogió de debajo del
felpudo. Pero ¿y ésta?

ENRIQUE. El baúl.

SIMON. (*Sacándola del bolsillo.*) Está aquí. ¿De dónde puede... ? 30
(*Lanza un grito.*) ¡Dios mío!

ENRIQUE. ¿Qué pasa?

SIMON. ¡La llave del hotelito! ¡Se ha dejado la llave del hotelito!

ENRIQUE. ¿Quién?

58. Ya está. Now it is ready.	61. seats
59. directory	62. letter "h"
60. four (door car)	63. key ring

SIMON. Nuestras mujeres. La mía... ¡maldita sea! Que está pensando en todo menos en lo que debe pensar.

ENRIQUE. Dormirán con la guardesa.[64]

SIMON. Eso. Si no ha advertido la falta antes y vuelve por ella.

5   ¡Corre!

ENRIQUE. ¿Qué?

SIMON. Coge el baúl. Vamos a sacarlo por la escalera interior. ¡Corre! ¡Venga![65]

ENRIQUE. Pero...

10 SIMON. ¡Obedece, idiota! ¡Si ellas nos descubren, estamos perdidos! ¡Corre!

(*Cogen el baúl, cada uno por un asa.[66] Se cargan las palas al hombro. Se disponen a marchar. Y estando así, se abre la puerta del foro y en el umbral aparecen Margarita y Brigette. Naturalmente,*

15 *quedan estupefactas[67] al ver a sus maridos de tal guisa.[68]*)

MARGARITA. ¡Simón!

BRIGETTE. ¡Enrique!

SIMON. (*Lúgubre.*) Párate, Enrique, que Dupont se queda en casa.

20 MARGARITA. ¿Pero se puede saber dónde ibais con el baúl?

SIMON. A dejarlo en el comedor, que hace más bonito.

BRIGETTE. ¿Y esas palas?

ENRIQUE. (*Aturdido.*)[69] Para beber agua. Como os llevasteis todos los vasos.

25 BRIGETTE. Pero, Enrique...

SIMON. Una broma mía. Ya te explicaré.

MARGARITA. Supongo que estaréis de una pieza.[70] Ya me conoces. Salgo a la calle. Estación del Norte. El bolso, todo en orden. Hasta la barra de los labios...[71] fíjate. (*Barra de labios con la*

30 *que enciende un cigarrillo, porque resulta ser un encendedor.[72]*) Algo te dejas, algo te dejas, Margarita. Las llaves. A ver ... una, dos, tres. ¡Falta una! Ya está.[73]

---

64. guard's wife
65. Come now!
66. handle
67. stupefied
68. **de tal guisa**   in such a way
69. Bewildered.

70. **estaréis de una pieza**   you will be dumbfounded
71. **barra de los labios**   lipstick
72. lighter
73. **Ya está.**   That's it.

SIMON Y ENRIQUE. ¡Ya está!

MARGARITA. ¡La del hotelito! (*Simón se la está mostrando.*) ¡Ay, tesoro mío! Perdóname cien mil veces. No sabes qué disgusto tengo. Llevas razón[74] en llamarme despistada y cabeza de grillo.[75] Y lo pierdo todo. ¡Qué trastorno![76] ¡Qué trastorno más 5 grande! Máxime[77] cuando ya no sale ningún tren hasta mañana a las ocho. (*Simón y Enrique se miran y se apoyan de codos*[78] *en el baúl desmayadamente.*[79]) Pero es igual. Casi me alegro. ¿Verdad, Brigette?

BRIGETTE. Claro. 10

MARGARITA. Así puedo llevarme algunas cosas que me había olvidado. Las mantas, porque no se concibe pasar un verano sin llevarse las mantas de invierno. Y la radio chiquitita.[80] Esa que la abres y no suena Arrivederci[81] Roma.

BRIGETTE. Y el D.D.T.[82] 15

MARGARITA. Eso. El D.D.T. Ya sabes cómo se pone aquello. Brigette me ha recomendado un D.D.T. muy bueno. No mata a las personas. (*Simón y Enrique, inmóviles, no dicen nada. Se miran de vez en cuando resignadamente.*) Pero, ¿qué os pasa?

LOS DOS. Nada ... aquí... 20

MARGARITA. Tenéis hambre. Seguro que sí.[83] ¿Ibais a cenar a un restaurante?

LOS DOS. ¡Psch... ¡[84]

MARGARITA. Pues ya no hace falta. Ahora mismo os hago yo una buena tortilla de patatas. 25

ENRIQUE. (*A Simón.*) Si llamas al sereno, te traerá otra tortilla de patatas. Ya lo verás.

MARGARITA. Pero, Simón. ¿Qué, diablos, te ocurre?

SIMON. Nada, mujer. La emoción de verte otra vez.

MARGARITA. En un principio, ¿sabes?, pensé que me ibas a de- 30 gollar[85] cuando te enteraras. Y le digo a Brigette: di que te las has dejado tú.

---

74. **Llevas razón**	You are right	80.	tiny
75. cricket		81.	*Italian* Good-by
76. upset		82.	an insect spray
77. Especially		83.	**Seguro que sí.** Surely.
78. elbows		84.	Pshaw!
79. dejectedly		85.	murder

BRIGETTE. Pero yo no. Yo cargar con muertos de nadie ...[86] yo no.

MARGARITA. Un beso y a no enfurruñarse.[87] Y suelta ya esa horrible pala. ¡Hijo, ni que[88] fueras a cavar[89] un hoyo![90] (*Mirada de los dos otra vez.*) ¡A cenar la tortillita! ¡Y eso que como

5   no encargué pedido![91] No he encargado nada. A lo mejor queda algo en la nevera.[92] Brigette, hazme el favor... (*Ahora ve los trajes y prendas que encerró en el baúl, sobre el suelo y en el sofá.*) Pero, Simón... (*Coge un bolerito del suelo.*) ¡Mi bolero!

10   SIMON. Anda, Enrique, pon "Beguin de Beguin".[93]

        ¡Está en el segundo estante![94]

(*Ha señalado la gramola.*)

MARGARITA. Y el estampado ...[95] las combinaciones.[96] Esa novela que me llevo todos los años para leer... Simón, ¿qué ha ocu-

15   rrido?

SIMON. Pues ... pues ... terrible... Que te lo cuente Enrique.

ENRIQUE. Pues ... se abrió.

BRIGETTE. El baúl.

ENRIQUE. Sí.

20   MARGARITA. Si yo lo dejé cerrado.

SIMON. Los baúles cerrados también se abren.

MARGARITA. ¿Cómo?

SIMON. Pues...

ENRIQUE. Anda, rico.[97] Pruébalo.

25   SIMON. Quise meter las palas. Sí. Para arreglar el jardín. Al ir a cerrarlo, el imbécil de Enrique lo volcó. Cayó todo. Ahora íbamos precisamente a rehacerlo. (*En voz baja a Enrique.*) No me aplaudas, que soy muy vergonzoso.

MARGARITA. Pobrecitos ... los señores de la casa que se les abrió el

---

86. **Yo ... de nadie**   I (should) take the blame for no one
87. **a no enfurruñarse**   don't be sulky
88. **ni que**   as if
89. **dig**
90. **grave**
91. **no encargué pedido**   I did not ask for an order
92. refrigerator
93. **Beguin de Beguin**   "Begin the Beguine," words and music by Cole Porter.
94. shelf
95. cotton print
96. underwear
97. dear

baúl. ¡Ay, los hombres! Siempre tan egoístas, queriendo llevarse palas y todo. Vete abriendo, que en cuanto me ponga
cómoda, lo hago otra vez. Anda, Brigette, ayúdame. (*Le tira
un beso.*) No pongas esa cara, hombre. Que te quiero.
(*Mutis de ambas por la izquierda.*)   5
ENRIQUE. (*De pronto.*) ¿Y si nos apuntamos en la Legión?[98]
SIMON. No hay tiempo que perder. Tú, ocúpate de Dupont. Voy a
llamar a la Lulú.
ENRIQUE. Pero...
SIMON. ¿No te das cuenta, idiota? Va a abrir el baúl. Lo encon-   10
trará. Y la Lulú puede presentarse de un momento a otro.
¡Vamos!
ENRIQUE. ¿Qué hago con él?
SIMON. Al ropero. ¡De prisa! Al fondo, debajo de los estantes.
(*Simón y Enrique transportan el baúl hasta cerca del ropero.*   15
*Abren la puerta. Simón corre al teléfono. Marca. Habla en voz
muy baja.*) ¿Lulú? ¿Se fue? ¿Hace mucho? Usted, hable
fuerte, que no le oigo... Yo, es que estoy acatarrado.[99] Sí. Diez
minutos. ¿A casa de la "Allons Enfants"? Gracias. (*Mientras
Simón ha hablado, Enrique lucha en vano con Dupont. Logra   20
sacarlo del baúl, pero el traspaso[100] al ropero resulta laborioso.
Cuelga Simón. Agitadísimo.*) Ya ha salido. Enrique, esto
puede ser una catástrofe. ¡Cuidado, que salen!
ENRIQUE. ¡Aún no!
SIMON. ¡Dios mío! (*Acude a la izquierda, se pone en ella[101] como   25
un tonto y dice.*) ¡El perro! ¡El perro!

98. **nos apuntamos en la Legión**
we join the French Foreign
Legion
99. **estoy acatarrado**   I have
caught cold
100. transfer
101. **se pone en ella**   he stands in
it (i.e., the doorway)

Exercises

I. *Give the diminutive forms for the following:*

1. fresco		6. tortilla
2. saltos		7. bolero
3. quieto		8. pobres
4. broma		9. terraza
5. chico		10. hotel

II. *Fill in the blanks with the proper forms of the subjunctive of the verbs in parentheses:*

1. Cuando (*venir*) _____ las prójimas jugamos a eso.
2. Y di que (*mandar*) _____ un cuatro, plazas amplias.
3. Pensé que me ibas a degollar cuando (enterarse) _____.
4. ¡Hijo, ni que (*ir*) _____ a cavar un hoyo!
5. Que (*contártelo*) _____ Enrique.
6. Será mejor que tú (*quitarse*) _____ la chaqueta.

III. *Translate the following idiomatic sentences:*

1. Abre al fin.
2. ¿Sabes una cosa? Tenías razón.
3. ¿Te hago gracia?
4. Y cuando Simón vuelve a abrir, Enrique cae en sus brazos a plomo.
5. Cuando no me operan al lío, matas a un señor y ya no hay juerga.
6. Hay que suponer dos cosas.
7. ¿Tenéis hambre? Seguro que sí.
8. Hazme el favor.
9. Las prójimas van a presentarse de un momento a otro.

IV. *Answer the following questions in Spanish:*

1. ¿En qué debe Enrique ayudar a Simón?
2. ¿Creería Enrique que hubiera un muerto en el ropero?

3. Cuando Simón volvía a abrir el ropero, ¿en qué condición era Enrique?

4. ¿Por qué no puede Enrique ir a casa?

5. ¿Cómo podría matarle a Dupont Enrique?

6. ¿Qué dos cosas hay que suponer?

7. ¿Cuál es el primer plan acerca del cadáver de Dupont?

8. ¿Qué piensan usar como féretro para Dupont?

9. ¿Qué hace Simón con la ropa en el baúl?

10. ¿Por qué deben abrir otra vez el baúl?

11. ¿Cuál es la llave que encuentra Simón?

12. ¿A dónde iban Simón y Enrique cuando volvieron sus esposas?

13. ¿Cuándo pensó Margarita en las llaves?

14. ¿Cuándo saldrá otro tren?

15. ¿Por qué casi se alegra Margarita de perder el tren?

16. ¿Qué les hará Margarita para la cena?

17. ¿Qué cosas hay del baúl en el suelo?

18. ¿Por qué según Enrique y Simón está la ropa en el suelo?

19. Cuando salen Brigette y Margarita, ¿qué hacen Simón y Enrique?

20. ¿Dónde está Lulú?

Learn this vocabulary
before you read pages 42-53

aguantar   to endure
ahorrar   to save
americana   suit coat
apagar   to put out
boda   wedding
butaca   armchair
cansarse   to get tired
discutir   to discuss
encargarse de   to take
  charge of
firmar   to sign

helar   to freeze
hundir   to sink
jurar   to swear
mudar   to move
muestra   sample
orgulloso   proud
sal *f.*   salt
señal *f.*   sign, signal
susto   fright
ventaja   advantage
volar   to fly

(*Margarita y Brigette, en el umbral, se detienen sorprendidas.*)
BRIGETTE. ¿Qué ocurre?
SIMON. ¡El perro! ¡Ea![1]
MARGARITA. Pero, ¿qué dices?

5   SIMON. El perro de la obra de al lado, que está sin comer y... (*Muy dramático.*) ¡No hay derecho a que un pobre animal pase[2] lo que está pasando por no haber pan duro! ¡Vete por pan duro! (*Enrique lucha con Dupont.*)
MARGARITA. Pero, ¿quieres dejarme pasar?

10 SIMON. Sin pan duro no se entra.
MARGARITA. Pero ... Simón.
SIMON. ¡Por pan duro!
BRIGETTE. Ya voy yo, mujer...
(*Mutis de Brigette.*)

15 ENRIQUE. (*Anhelante,[3] cerrando el ropero.*) ¡Ya está!
MARGARITA. (*Colándose.*)[4] ¿El qué?
ENRIQUE. Pues...

---

1. ¡Hey!
2. **derecho ... pase**   justice when a poor animal may suffer
3. Panting
4. Slipping through.

SIMON. El baúl abierto.

MARGARITA. Gracias, Enrique. (*Mientras dispone unos platos de plexiglás sobre la mesa.*) Cuatro años casada con él y ahora me entero que se interesa por los perros. ¿Lo sabías tú?

ENRIQUE. ¿Eh? 5

MARGARITA. ¿Pero qué os pasa?

SIMON. Que hace calor. ¡Eso! Un calor que atufa.[5] Y ese ventanal cerrado.

MARGARITA. Ya lo abro, hombre. No te enfades. (*Abre el ventanal de par en par.*) ¿Así? 10

(*Continúa laborando. Simón y Enrique hablan entre dientes.*[6])

SIMON. ¿Bien?

ENRIQUE. Regular.

SIMON. ¿Cómo regular?

ENRIQUE. Se me ha quedado colgado de la percha en la puerta. 15

SIMON. ¡Imbécil! Vas a ser mi ruina. Al fondo, bajo los estantes, te había dicho.

ENRIQUE. Ya lo sé. Pero Dupont no es un paquete muestra. Pesa un horror.[7]

MARGARITA. ¡Champagne! (*Ha descubierto las botellas. Los dos* 20 *pegan*[8] *un grito de terror.*) ¿Por qué gritáis?

SIMON. (*Por justificar.*) ¡Lo descubrió! ¡Lo descubrió!

ENRIQUE. ¡Lo descubrió!

SIMON. Era una sorpresita... Dijimos, para endulzarles[9] el disgusto... 25

MARGARITA. ¡Qué cielos! (*Brigette sale con una bandeja*[10] *repleta de sandwichs y un saquito.*) ¿Qué dirás que han hecho? Comprar champagne para nosotras. (*Brigette mira un poco extrañada a Enrique, y éste desvía*[11] *la mirada. Margarita besa a su marido.*) ¡Eres estupendo, Simón!... ¡Qué detalle! 30

BRIGETTE. El pan duro.

SIMON. ¿Eh?

BRIGETTE. Para el perro.

5. irritates	9. sweeten for them
6. **hablan entre dientes** mumble	10. tray
7. **un horror** a horrible lot	11. turns away
8. let out	

SIMON. ¡Ah sí!

(*Coge el saquito como un tonto.*)

BRIGETTE. Mientras se hace la tortillita.

(*Pone los sandwichs encima de la mesa.*)

5   MARGARITA. Esto hay que regarlo[12] con champagne.

BRIGETTE. Los vasos están en las maletas.

MARGARITA. (*Sencillamente.*) Ahí en el ropero tengo copas finas.

(*Lo dice mientras dispone los sandwichs sobre la mesa. Simón y Enrique se miran.*)

10   SIMON. Esto ya es mala pata.[13]

ENRIQUE. ¿Por qué no nos vamos a vender el pan duro a la Argentina?

SIMON. ¡Calma! Es mi vida lo que se juega. ¡Y la tuya!

MARGARITA. Sentaos.

15   ENRIQUE. Yo...

SIMON. ¡Siéntate!

(*Simón y Enrique se sientan en el diván.*)

MARGARITA. Brigette, la sal. Y corta unas patatas.

BRIGETTE. Sí.

20   (*Mutis de Brigette por la izquierda. Margarita comprueba[14] que todo está en orden y mientras que habla con su clásica charlatanería[15] y su singular despiste,[16] se dirige hacia el ropero.*)

MARGARITA. Según me ha dicho Florinda, la de Olivier, ésa que dice que un marido es ése que nos ayuda a subirnos la crema-

25   llera,[17] ¿te acuerdas?, pues según ella, este año Château-Blanch va a estar muy animado. (*Abre un resquicio[18] en la puerta del ropero. Los dos se levantan. Vuelve a cerrar Margarita para tomar los vestidos y dejarlos sobre una butaca. Los dos se sientan otra vez.*) Ya sabes. Reina de Fiestas, bailes... A los

30   pollos[19] no les van a dejar llevar varitas.[20] Así es que no sé qué van a hacer con las manos. (*Abre ya el ropero. Tensión y*

---

12. to water it
13. **es mala pata**   is bad luck
14. verifies
15. verbosity
16. disorientation
17. **subirnos la cremallera**   to zip

our zippers
18. crack
19. young men
20. little twigs (*This ridicules the custom of whittling twigs at festivals.*)

terror en los dos hombres. La hoja[21] *abierta del todo, paralela a
la batería.* Y—*recordamos las características de la puerta—
como el umbral no arranca del suelo sino treinta centímetros
más arriba, podemos contemplar dos bonitos zapatos—los de
Dupont—bamboleándose*[22] *en el aire bajo la hoja. Margarita*   5
entra en el ropero. Sigue hablando.) ¡Ah! Y una innovación.
Este año en vez de irse a hacer huevos fritos al campo, se van
a ir a hacerlos cada uno a su casa, que es como en realidad se
pasa bien.[23] (*Sale con cuatro copas de champagne que coloca
en la mesita.*) Ya te podrás figurar cómo va a estar la calle   10
principal. Nueva York sin señales luminosas.[24] (*Renuciamos
a describir el gesto y el estado de ánimo*[25] *de los dos hombres.*)
¡Lo bien que lo vais a pasar[26] los domingos! Sólo os va a faltar
un detalle.

(*Suena el timbre de la puerta.*)   15

SIMON. (*Lúgubre.*) Ni ése.

ENRIQUE. Y luego dicen que estas casas modernas se hunden por
cualquier cosa.[27]

(*Ha abierto Margarita y en el umbral está Noemí.*)

NOEMI. Buenas noches. ¡Qué sorpresa! Usted...   20

MARGARITA. Me olvidé la llave del chalet.

NOEMI. Vengo a devolverle la cafiaspirina que... (*Claro está, Dupont se halla frente a ella. Noemí palidece*[28] *y balbucea.*)
¡Jesús!

MARGARITA. Pero, por favor, pase usted. ¿Cómo está su tía?   25

NOEMI. ¡Madre mía!

MARGARITA. Ha salido ahora un específico[29] que...

NOEMI. ¡San Pedro Nolasco![30]

(*Y desaparece aterrada. Margarita la llama.*)

MARGARITA. ¡Noemí! ¡Noemí! (*Volviendo al centro de escena,*   30

---

21. folding door
22. swaying
23. se pasa bien   is amusing
24. señales luminosas   bright
   traffic lights
25. mind
26. lo vais a pasar   you are going
   to get along

27. Y luego ... cosa.   *fig.* May the
   earth swallow me up!
28. turns pale
29. patent medicine
30. San Pedro Nolasco   Saint Peter
   (died 1256), founder of the
   Mercedarians.

después de cerrar la puerta.) ¡Qué chica tan rara! Esta vieja avara[31] la tiene trastornada.[32] ¡Si quiere casarse con el muchacho por qué no lo permite! Mucho dinero le va a dejar, pero lo está sudando la pobre.

5 (*Y hace mutis por la izquierda tan tranquila. Simón se pone en pie.*[33])

SIMON. Ventajas de casarse con una idiota.

ENRIQUE. Es que la mía es idiota y además ve.

SIMON. ¡Vamos a...!

10 ENRIQUE. ¡No! No me digas que hay que mudar otra vez a Dupont, porque no lo aguanto.

SIMON. Pues hay que mudarle.

ENRIQUE. Lo que hay que hacer es huir, Simón. ¿Me comprendes?

SIMON. Con Dupont, sí. Sin Dupont, nunca. (*Lo coge de las sola-*

15 *pas.*) ¡Escucha, Enrique! Este es el lío más gordo de nuestra vida. ¿Sabes lo que significa ser Director-Gerente? Un magnífico trabajo. Firmar[34] y leer denodadamente[35] el periódico. Todo eso lo pierdo. Y la vida detrás.[36]

ENRIQUE. Digámosles todo a ellas.

20 SIMON. Diez minutos después lo sabe el barrio.[37]

ENRIQUE. Pero...

SIMON. De modo que no me va a creer la policía y me va a creer mi mujer...

ENRIQUE. Simón, esto...

25 SIMON. (*Enfurecido.*)[38] ¿Qué quieres? ¿Que se sepa además lo de la Lulú? ¿Que nos mate una vez el verdugo[39] y otra vez nuestras mujeres? Esa cretina volverá con la policía o con alguien. Ha visto a Dupont, y no pretenderás[40] que se va a quedar tan tranquila.

30 ENRIQUE. Está bien. ¿Dónde lo ponemos?

SIMON. De momento,[41] en el montacargas. Damos[42] al último piso.

31. miserly	37. (city) district
32. upset	38. Enraged.
33. **se pone en pie** stands up	39. executioner
34. Signing (*business correspondence*)	40. **no pretenderás** you will not claim
35. resolutely	41. **De momento** At present
36. **la vida detrás** (leave my former) life behind	42. We ring

y abriremos las puertas entre dos plantas.[43] Eso significa unas
horas de plazo.[44]

ENRIQUE. ¿Y la Lulú?

SIMON. El vigilante[45] de la obra. Bajas y le explicas que cuando
    vea a dos señoras de aspecto equívoco,[46] con una guitarra, les   5
    diga de nuestra parte[47] que las esperamos en Amberes,[48] que
    hemos ido a la Feria.[49] Vete ya. Yo pondré a Dupont en el
    descansillo. Y subes[50] el montacargas. A la velocidad del rayo.

ENRIQUE. Sí.

(*Mutis precipitado*[51] *de Enrique por el foro. Simón apaga la luz.*   10
La escena en sombras.[52] *Simón abre el ropero. Carga con*[53] *el*
cadáver y se dirige hacia el foro. Timbrazo.[54] *Pausa. Nuevo*
timbrazo.)

MARGARITA. (*Dentro.*) Voy. (*Terror en Simón; no sabe qué hacer.*
Corre al ventanal. Deposita a Dupont en el sillón de hierro   15
forjado y vuelve a escena, después de cerrar el ventanal apre-
suradamente. El timbre con insistencia. Margarita en escena.)
    ¿Eh? (*Da la luz.*[55] *El ventanal cerrado. Simón ante él.*) Pero,
    Simón...

SIMON. La luz... Se gasta mucha luz en el país... Cada cual debe-   20
    mos poner nuestro granito...[56] ahorro de flúido, ¿comprendes?

(*Abre Margarita. En el umbral Noemí y Julio. Su novio. Mucha-*
cho sencillo.)

MARGARITA. ¡Ah ... son ustedes! ¿Cómo está, Julio?

JULIO. Disculpe que la moleste, señora. Pero...   25

MARGARITA. Pase, pase.

JULIO. Son tonterías. Me va usted a echar a puntapiés.[57] Y nos lo
    merecemos.[58]

NOEMI. Te digo que...

MARGARITA. ¿De qué se trata?   30

43. floors	52. **en sombras** in darkness
44. **de plazo** extra	53. He carries away
45. watchman	54. Loud ring.
46. dubious	55. **Da la luz.** She turns on the
47. **de nuestra parte** in our name	light.
48. Antwerp, city in northern	56. small grain, bit
Belgium.	57. **echar a puntapiés** to kick out
49. Fair	58. **nos lo merecemos** we do
50. you bring up	indeed deserve it
51. hasty	

JULIO. Esta tonta. Claro que con los nervios que le pone la tía,[59] cualquiera ve visiones.

MARGARITA. ¿Pero qué es?

JULIO. Pues que[60] dice que... (*Echándolo a risa.*)[61] ¡Fíjese qué
5   tontería! Que ahí, en el ropero, tienen ustedes un ... ¡es para reírse! ...[62] un muerto.

MARGARITA. ¿Un muerto?

JULIO. ¡Qué tontería!

SIMON. ¡Qué estupidez![63]
10   JULIO. Es de chiquillos.

SIMON. ¡De memos![64]

NOEMI. Se lo juro a usted, doña Margarita. Mientras estaba devolviendo la cafiaspirina, lo vi ... en el ropero. Colgado de la percha.
15   MARGARITA. ¡Qué simpleza![65] ¡Un muerto! ¿Y para qué queremos nosotros un muerto?

JULIO. Es lo que yo le he dicho. De tener esos señores un muerto, estarían tristísimos.

NOEMI. Lo he visto. ¡Te lo juro por la tía! ¡Ah, está ahí!
20   (*Margarita ha abierto el ropero.*)

MARGARITA. ¿Aquí?

(*Estupor en Noemí.*)

NOEMI. No estoy loca, Julio. ¡Te lo juro que lo he visto! Se balanceaba.[66] ¡Era horrible!
25   JULIO. ¡Bueno, ya está bien! Me has hecho quedar en ridículo[67] ante estos señores. Ustedes no saben qué insistencia. Quería, incluso, llamar a la comisaría.[68]

SIMON. Pero usted no la habrá dejado. ¡Porque usted es muy macho![69]

59. **con los nervios ... la tía**   with the way her aunt makes her nervous
60. **Pues que**   Since
61. **Echándolo a risa.**   Starting to laugh at it.
62. **¡es para reírse!**   it is a laughing matter!
63. stupidity
64. fools
65. stupidity
66. **Se balanceaba.**   It was swaying.
67. **quedar en ridículo**   be ridiculous
68. police station
69. masculine

JULIO. Gracias. No, no la he dejado, claro.

MARGARITA. ¿Convencida?

NOEMI. Sí ... pero yo no estoy loca, Julio. Yo sé lo que veo. Era un difunto,[70] Julio.

MARGARITA. Tú lo que necesitas es casarte pronto, chiquilla. ¿Qué te queda?   5

NOEMI. Sesenta francos, porque hemos comprado unas gaseosas...[71]

MARGARITA. No. Si digo para la boda.

JULIO. Un mes...   10

MARGARITA. Pues un mes viendo muertos y fantasmas[72] y burros que vuelan.

NOEMI. Puede ser.

(*Enrique en el umbral de la puerta del foro.*)

ENRIQUE. El montacargas ahí.   15

SIMON. ¿Y el sereno de la obra?

ENRIQUE. No me bajé la llave del portal. No he podido salir. ¿Y ésa?

SIMON. Lo que te dije.

ENRIQUE. ¿Qué hacemos?   20

SIMON. ¡Calla!

(*Noemí, que se había sentado en el sofá, atendida por Julio y Margarita, se pone en pie.*)

JULIO. Gracias. Y perdonen esta molestia. ¡Vámonos!

(*Noemí se lleva una mano a la frente.[73] Vacila.*)   25

MARGARITA. ¡Muchacha!

JULIO. No es nada. No se preocupen. El hígado. Le ocurre a veces. No es nada. Sólo necesita un poco de aire.

ENRIQUE. Sáquenla a la terraza.

(*Simón se aterra.*)   30

SIMON. ¡No! ¡No!

ENRIQUE. Sí, hombre, que se siente un ratito en el sillón.

SIMON. ¡No, imbécil, no!

MARGARITA. Pero si la chica lo necesita...

70. deceased (man)
71. soda water
72. phantoms

73. se lleva ... a la frente   puts one hand to her forehead

SIMON. ¡Que no![74]

MARGARITA. Abre el ventanal para que entre aire.

SIMON. Eso. Y para que yo me muera de frío. ¡Que no!

MARGARITA. Pero, Simón, si hace un momento estabas protestando
5   del calor que hacía.

SIMON. (*Subiéndose el cuello de la americana.*) Pues ahora estoy
     helado, ea. A ver si no tengo yo derecho en mi casa a tener frío
     y calor cuando me parece.[75]

ENRIQUE. (*Cayendo.*[76] *A Simón.*) ¿En la terraza?

10   SIMON. Y contemplando el paisaje.

ENRIQUE. ¡Jesús!

NOEMI. Déjenlo. Ya me siento mejor.

JULIO. Ahora mismo te acuestas. ¡Majadera!

NOEMI. No te enfades conmigo, Julio. ¡Te juro que lo he visto ...
15   te lo juro! Balanceándose.

(*Hacen mutis. Margarita les acompaña.*)

SIMON. (*Tomando la llave de la herradura que hay detrás de la
     puerta.*) ¡Vamos! Yo me encargaré del montacargas. ¡De
     prisa!

20   ENRIQUE. A Amberes, ¿no?

SIMON. A Amberes. ¡Espera!

(*Margarita vuelve.*)

MARGARITA. (*Cerrando la puerta.*) Lo que has hecho con esa chi-
     quilla no tiene nombre, Simón.

25   SIMON. Está bien. No me cae simpática.[77]

MARGARITA. El novio iba muy serio. Le había sentado mal[78] tu
     actitud. Se veía claramente.

SIMON. Está histérica .

MARGARITA. Aun así.

30   SIMON. (*Buscando un pretexto para echar a Enrique.*) ¿Cómo
     andamos de[79] pan?

MARGARITA. Bien.

---

74. **¡Que no!**   Of course not!
75. **me parece**   it seems best to me
76. **Catching on.**
77. **No me cae simpática.**   She is
     not agreeable to me. (i.e., I

     don't like her.)
78. **Le había sentado mal**   had set
     badly with him
79. **andamos de**   are we for

SIMON. ¿Y fruta?

MARGARITA. ¡Hay!

SIMON. Bueno, pero sardinas...

MARGARITA. Dos latas.[80]

SIMON. (*Furioso.*) Pues salchichas.[81] Enrique va a bajar por   5
salchichas al bar.

MARGARITA. Pero si...

SIMON. Va a bajar por salchichas y ya está. Te subes una lata.

ENRIQUE. Sí, Simón. Una lata de Amberes ... digo, de salchichas.
Inmediatamente. Simón. ¡Vivo![82]   10

(*Enrique desaparece. Margarita mira fijamente a Simón.*)

MARGARITA. Simón ... ¿por qué dijo esa chiquilla que vio un muerto ... un muerto precisamente?

SIMON. ¡Qué sé yo!

MARGARITA. Podría haber visto otra cosa ... un albornoz,[83] por   15
ejemplo. Una lámpara de pie.[84] ¿Por qué un muerto?

SIMON. ¿Cómo quieres que yo lo sepa?

MARGARITA. (*Con una adorable lógica femenina.*) Simón, a mí
eso del muerto me huele a[85] que te has cansado de mí.

SIMON. ¡Margarita, por Dios!   20

MARGARITA. No he hecho nada para eso. Hasta cierto punto, soy
una esposa modelo. Soy buena, obediente. Gasto ropa interior[86] cara. Soy más bien tirando a bruta...[87] ¿Qué marido
no estaría orgulloso?

SIMON. (*Impaciente.*) Y lo estoy, Margarita.   25

MARGARITA. Mejor será que no me ocultes nada. Por el bien de los
dos. Sobre todo, Simón, nada de mujeres. Sabes que no podría
perdonarte eso. ¿Hay alguna... ?

SIMON. (*Desesperado.*) ¡No! No hay ninguna, ¡caramba![88] ¡Vete
con las patatas y déjame un momento!   30

MARGARITA. Sí. Abre ese ventanal. Nos vamos a asfixiar.

---

80. cans
81. sausages
82. Quickly.
83. bathrobe
84. **lámpara de pie**   floor lamp
85. **me huele a (oler)**   makes me
    suspect
86. **ropa interior**   underwear
87. **tirando a bruta**   bordering on
    stupid
88. confound it!

(*Margarita hace mutis por la derecha. Simón abre la puerta del foro. Enrique en el umbral.*)

SIMON. ¡Aaaay!

ENRIQUE. ¿Qué te pasa?

5   SIMON. Que me has dado un susto[89] tremendo. ¿Qué ocurre ahora?

ENRIQUE. Que ésta no es la llave del portal.

(*Se la entrega.*)

SIMON. (*Mirándola.*) Como que[90] es la del armario.[91]

10   ENRIQUE. Entonces la del portal...

SIMON. Puesta en el armario.

ENRIQUE. ¿Voy a... ?

SIMON. No. A ella no le preguntes. Te dirá que si la llave del portal abre el armario, debe estar en el armario, porque hay que

15   suponer que la del armario abre el portal. ¡Maldita sea!

ENRIQUE. ¿Qué hago?

SIMON. Ayudarme a sacar a Dupont. Ya veremos cómo arreglamos lo otro.

(*Abren el ventanal, en el momento en que Julio saca a Noemí,*

20   *mareada,[92] a la otra terracita.*)

JULIO. Anda, aspira[93] fuerte. ¡Ya verás cómo se te pasa!

SIMON. ¡Dios mío!

ENRIQUE. ¡Estamos perdidos!

SIMON. ¡Siéntate ahí! ¡Pronto! (*Se sientan los dos junto a Dupont*

25   *de espaldas[94] éste al público. Simón comienza a darle golpes en la espalda.*) ¡Vaya! ¡Vaya con[95] don Segismundo! ¡Tan callado como siempre! ¡Que no hay quien le arranque una palabra!

ENRIQUE. ¡Pillín!

30   (*Por la derecha salen Margarita y Brigette. Claro está, se quedan extrañadísimas al ver a sus maridos con otro señor en la terracita.*)

---

89. **me has dado un susto**   you have frightened me
90. **Como que**   Because
91. closet
92. nauseated
93. inhale
94. **de espaldas**   with his back (turned)
95. **Vaya con**   Come on

SIMON. ¡Segismundo! ¡Tío grande! No te hagas[96] el dormido, que te conozco.

ENRIQUE. ¡Segismundón![97]

(*Noemí se ha quedado mirando a Dupont y lanza un grito.*)

NOEMI. ¡Ese es! ¡El que se balanceaba! ¡Míralo! (*Dupont se*   5
vence[98] *hacia adelante.*[99] *Enrique lo detiene a duras penas.*[100])
¡Policíaaaaa! ¡Policíaaaaa!

SIMON. ¿Cuántos metros hay de aquí a la calle?

ENRIQUE. ¿Vas a tirar a Dupont?

SIMON. ¡Me voy a tirar yo!   10

(*Margarita y Brigette ahogan un grito al ver a Dupont. Cierran el ventanal.*)

MARGARITA. Simón ... ese hombre... ¿Tú?

SIMON. Margarita...

MARGARITA. ¿Discutisteis de fútbol?[101]   15

BRIGETTE. Enrique ... ¿qué significa ese cadáver aquí con vosotros?

SIMON. Margarita, escucha, tienes que ayudarme.

MARGARITA. ¿Cuál de los dos le ha matado? ¡Venga! ¡Sin vanidades tontas! ¿Quién[102] ha sido?   20

SIMON. ¡Margarita, por la Virgen!

MARGARITA. Yo estoy a tu lado, amor mío. Hayas hecho lo que hayas hecho. Mujeres ... ni una; pero hombres puedes matar los que quieras.

SIMON. ¡Pero, Margarita, escucha!   25

(*Golpes en la puerta. Voces de: "¡Abran, de prisa! ¡Abran la puerta!" Noemí sigue con sus gritos. Enrique coge su novela policíaca, desesperado, entreabre*[103] *el baúl y dice a Simón, metiéndose dentro.*)

ENRIQUE. ¡Avísame cuando nos hayan condenado a muerte!   30

Telón

96. **No te hagas** Don't pretend to be
97. Segismundo, old man!
98. **se vence** bends
99. **hacia adelante** forward
100. **a duras penas** with great difficulty
101. soccer
102. Which one
103. he half-opens

Exercises

I. *Form sentences with the following expressions:*
   1. hacer calor
   2. en vez de
   3. ponerse en pie
   4. otra vez
   5. cada cual
   6. volver a *plus infinitive*
   7. tener frío
   8. otra cosa
   9. por ejemplo
   10. tratarse de *plus infinitive*

II. *Explain the following command forms:*
   1. digámosle
   2. disculpe
   3. pase
   4. abre
   5. fíjese
   6. no se preocupen
   7. no te enfades
   8. sáquenla
   9. déjenlo
   10. perdonen
   11. espera
   12. no te hagas
   13. sentaos

III. *Answer the following questions in Spanish:*
   1. ¿Le interesan a Simón los perros?
   2. ¿Dónde está el cadáver de Dupont?
   3. ¿Qué descubre Margarita?
   4. ¿A dónde se dirige Margarita?
   5. Describa la escena cuando Margarita entra en el ropero.
   6. ¿Cuáles son las características de la puerta del ropero?
   7. ¿Por qué vino Noemí a la casa de Simón?
   8. ¿Es pobre la tía de Noemí?
   9. ¿En dónde van a poner ahora el cadáver de Dupont?
   10. ¿Qué dirá el vigilante a las dos señoras de aspecto equívoco?
   11. ¿Por qué no puso Simón el cadáver en el descansillo?
   12. ¿En dónde puso Simón más tarde el cadáver?
   13. ¿Por qué han venido a la casa de Simón Noemí y Julio?

14. ¿Por qué creen que esté loca Noemí?

15. ¿Por qué pregunta Simón si hay pan, fruta, sardinas y salchichas?

16. ¿Qué sugirió Margarita que Noemí pudiera haber visto en el ropero?

17. ¿Qué tipo de esposa, en su propia opinión, es Margarita?

18. ¿Por qué no fue Enrique a ver al vigilante la segunda vez?

19. ¿Por qué están en la terracita Noemí y Julio?

20. ¿Con quién se sientan Enrique y Simón en la terracita?

21. ¿Qué está haciendo el cadáver cuando Noemí grita?

22. ¿Puede Simón matar a los hombres que quiera, según Margarita?

23. ¿En dónde se mete Enrique?

Learn this vocabulary
before you read pages 56-65

alcoba	bedroom	**entretener**	to entertain
apoyo	support	**equivocarse**	to be mistaken
aviso	notice	**fumar**	to smoke
cárcel *f.*	jail	**informe** *m.*	information
cometer	to commit	**lápiz** *m.*	pencil
conde *m.*	count	**mentir**	to lie
construir	to construct	**ordenar**	to order
corregir	to correct	**respecto a**	in regard to
culpable	guilty	**rodilla**	knee
distinto	different	**tapa**	cover

ACTO SEGUNDO
Cuadro¹ Primero

El mismo decorado.² Ha pasado una hora.

(*En el sofá, sentados frente al público, Simón, Margarita, Bri-*
gette y Enrique. El mismo gesto en todos. Aburrimiento³ tal
vez. E idéntica postura: el brazo derecho doblado⁴ por el codo,
5   *éste sobre la rodilla y la mano sirviendo de apoyo al mentón.⁵*
Tras ellos André, un agente, leyendo ávidamente⁶ el periódico.
Rostro impersonal. Dupont ha desaparecido.)
SIMON. (*Sin moverse.*) Enrique.
ENRIQUE. (*Igual.*) ¿Qué?
10   SIMON. Dame un cigarro.
ENRIQUE. No tengo.

1. scene	4. bent
2. scenery	5. chin
3. boredom	6. avidly

SIMON. ¡Vaya!

ENRIQUE. Espera. Brigette.

BRIGETTE. ¿Qué?

ENRIQUE. Dame un cigarro...

BRIGETTE. Hace veintinueve años, tres meses y diez días que no   5
fumo. Aguarda; Margarita.

MARGARITA. Sí.

BRIGETTE. Dame un cigarro.

MARGARITA. Simón.

SIMON. ¿Qué?   10

MARGARITA. Dame un cigarro.

SIMON. (*A André.*) ¿Un cigarrillo? Gracias.

(*André sin decir palabra le ofrece uno. Simón se lo entrega a Margarita.*)

MARGARITA. (*Dándoselo a Brigette.*) Ten.[7]   15

BRIGETTE. (*Entregándoselo a Enrique.*) Toma.

ENRIQUE. (*A Simón.*) ¿Eh? ¡Ahí va!

SIMON. (*Cogiéndolo.*) ¡Gracias!

(*Lo enciende y lanza un par de bocanadas.[8] Una pausa.*)

MARGARITA. (*De pronto.*) ¿Dejan entrar tartas?[9]   20

SIMON. ¿Dónde?

MARGARITA. En la cárcel.

SIMON. ¡Margarita, por Dios!

ANDRE. Procuren hablar lo menos posible. Ya han oído al comisario.[10]   25

MARGARITA. ¿Es que va a volver ese horrendo[11] policía?

ANDRE. En cuanto interrogue al portero.

MARGARITA. Pero...

ANDRE. Permanezcan callados. Quiere interrogarles otra vez.

(*Un silencio.*)   30

MARGARITA. (*En un susurro.[12]*) Estáte tranquilo, que en el primer paquete te mando bicarbonato.

SIMON. Margarita, es preciso que...

7. Here (it) is.
8. lanza ... bocanadas   blows a couple of puffs
9. tarts (*derogatory for women*)

10. commissioner (of police)
11. horrible
12. whisper

MARGARITA. Si no tienes nada que explicar, tonto. Has matado a un señor. Bueno ... ¿y qué?[13]

SIMON. Oye, Margarita. Por una vez en tu vida es necesario que tengas juicio.[14]

5 MARGARITA. ¿Te parece poco juicio el que te van a armar a ti?[15]

SIMON. Debemos ponernos de acuerdo.[16] Tú eres la única a quien no ha interrogado aún. Hay que declarar...

MARGARITA. Respecto a eso, estáte tranquilo. ¿Te acuerdas de cuando aquel policía me preguntó por el vecino de arriba, que

10 ponía la radio a las dos de la madrugada[17] y nos quejamos?

SIMON. Vida mía, por favor...

MARGARITA. Que le armé tal lío[18] que terminaron deteniendo al vecino por espía[19] británico.[20]

SIMON. Oye...

15 MARGARITA. No te preocupes. Voy a construirte una coartada[21] perfecta. No va a saber por donde se anda. ¡Ya conoces mi imaginación!

SIMON. ¡Dios santo! Margarita...

MARGARITA. ¿Sabes por qué has matado a ese caballero? Por de-

20 jarte solo. Eso es. Los hombres en cuanto os quedáis solos, no hacéis más que tonterías. Acuérdate del verano pasado. La primera noche que te quedas solo, rompes la nevera.

SIMON. ¡Margarita ... por la Virgen!

ANDRE. ¡Silencio! ¡O les separo definitivamente!

25 MARGARITA. Brigette.

BRIGETTE. ¿Qué?

MARGARITA. Es el último año que dejamos a estos dos pintas[22] solos.

ENRIQUE. Sí, porque nos metemos en juerga y...

30 SIMON. ¿Vas a escuchar de una vez?

ANDRE. Está bien. Señora, por favor. (*Coge a Margarita.*) Tenga la bondad.[23]

---

13. **¿y qué?**   so what?
14. **tengas juicio**   you be cautious
15. **juicio ... a ti**   the trial they are going to prepare for you
16. **ponernos de acuerdo**   to be in agreement
17. (early) morning
18. **armé tal lío**   I stirred up such trouble
19. spy
20. British
21. alibi
22. rascals
23. **Tenga la bondad.**   Please.

MARGARITA. ¿De qué?

ANDRE. De meterse en el dormitorio hasta nuevo aviso.[24]

MARGARITA. Yo no abandono a mi marido.

ANDRE. Bueno. Pero no le abandone luego. Ahora, al cuarto. (*A Brigette.*) ¿Quiere usted irse a la cocina? 5

BRIGETTE. Oiga, groserías a mí...

ANDRE. Hágame el favor. En seguida las llaman.

MARGARITA. Quisiera saber qué ley puede ordenar a una mujer que no esté junto a su marido.

SIMON. Margarita ... vas a terminar de estropearlo todo. Espera 10 en el dormitorio.

MARGARITA. (*A André.*) Ve usted, mandándolo el marido, ya es otra cosa (*Terminante.*)[25] ¡No voy al dormitorio!

BRIGETTE. Ni yo a la cocina, por supuesto.

ANDRE. Oigan... 15

MARGARITA. El hecho de que mi marido haya matado a un hombre, no significa que se le deba tratar como a un criminal o cosa parecida.[26] No estoy dispuesta a...

(*Aparición en el foro del Inspector Hilario Cerveille. Es más bien tardo[27] de comprensión, se hace un lío con[28] las declaraciones y,* 20 *a pesar de sus cincuenta años, comete torpezas[29] infantiles.*)

CERVEILLE. André ... el portero miente.

ANDRE. ¿Sí, señor Inspector?

CERVEILLE. Sí. Ha dicho que trabaja mucho.

ANDRE. ¡Ah! 25

CERVEILLE. Métete con[30] la portera, en el mejor sentido, a ver si sacas algo en limpio.[31]

ANDRE. Sí, señor.

CERVEILLE. Y me lo traes apuntado. Nada de dejarlo a la memoria. Lápiz y papelito. Si no tienes, lo pides. 30

ANDRE. ¡De acuerdo!

(*Sale por el foro, dejando la puerta entreabierta.*)

CERVEILLE. Los caballeros sobran.

---

24. **nuevo aviso**   further notice
25. **Final** (ly).
26. **similar**
27. **slow**
28. **se hace un lío con**   makes a
mess of
29. **stupidities**
30. **Métete con**   Have dealings with
31. **sacas algo en limpio**   you find
out something

MARGARITA. Depende en qué momentos.

CERVEILLE. Andando. Usted a la cocina.

ENRIQUE. (*A Brigette.*) Tú y yo debemos tener cara de criados de antes de la guerra europea.

5   CERVEILLE. Y usted a su cuarto. En seguida les llamo. La señora puede aguardar por ahí dentro.

BRIGETTE. Con mi marido.

CERVEILLE. Déjelo usted un ratito solo, que le vendrá bien.[32] Separados.

10   SIMON. Inspector, yo quisiera...

CERVEILLE. A su cuarto.

SIMON. Usted no conoce a mi mujer.

CERVEILLE. ¿No es esta señora?

SIMON. Por favor, Inspector. Después de un cuadro de Dali[33] es lo

15   más extraño que se puede encontrar. No debe...

CERVEILLE. ¡A su cuarto!

SIMON. No. Tiene usted que oírme antes a mí.

MARGARITA. La verdad, no sé por qué.

SIMON. Margarita, por favor. Puedes ocasionar una catástrofe.

20   CERVEILLE. ¿Va usted o le llevo?

SIMON. (*Con un suspiro*) ¡Voy! (*Abraza a Margarita. Entre dientes.*) Margarita ... ten cuidado, yo...

MARGARITA. (*Igual.*) Estáte tranquilo. Por mí no sabrá nada. ¡Ya verás qué coartada! Dame un beso. (*Se besan.*) ¿Se me olvida

25   algo? ¡Ah, sí! Que te quiero.

SIMON. Bueno. Gracias.

ENRIQUE. (*Al mutis.*) Ya sabes quien es el segundo muerto.

SIMON. Sí. El Inspector.

(*Mutis de Brigette, Enrique y Simón. Cerveille los ve marchar.*

30   *Se vuelve a Margarita.*)

CERVEILLE. ¡Siéntese! (*Margarita se sienta con los pies juntos y las manos sobre las rodillas. Hilario marca un número al teléfono. Mientras se saca de su bolsillo un sobre que contiene bicarbonato, echa un poco en un vaso, llena éste de agua y*

35   *revuelve[34] el líquido con la estilográfica.[35]*) Oiga. ¿Depósito?[36]

---

32. **le vendrá bien**   it will suit him
33. Dalí, Salvador (1904—), Spanish surrealist painter.
34. stirs
35. fountain pen
36. Morgue?

Con Broulard, soy Cerveille. ¿Cómo lleváis[37] eso? La nuca,[38]
sí. Ya lo he visto. Daos prisa[39] con ese informe. ¡Chicos, qué
autopsias hacéis vosotros! Yo creo que os entretiene. Sí. Dile
al doctor que se dé prisa. Eso. Dile que es para mí. Me llamas
15–20–71. ¿El estómago? Mejor. Gracias. (*Cuelga.*) Bueno.   5
¿Qué sabe?

MARGARITA. (*Muy de prisa.*) Muy poco. Pero no tengo yo la culpa.
Fue mi padre que me consintió[40] demasiado. "Esta niña no
quiere estudiar, Federico." "Pues que no estudie." "Esta niña
no quiere aprender inglés." "Pues que no lo aprenda."   10

CERVEILLE. Oiga...

MARGARITA. (*Como un torbellino.*[41]) Y si es el piano. Mamá decía
delante de las visitas: "Margarita toca muy bien el piano. Anda,
Margarita, toca el piano." Y entonces iba yo y ponía un dedo
en la tapa.   15

CERVEILLE. Oiga...

MARGARITA. Y de guisar ... "hony soit qui mal y pense."[42] Del
huevo frito no paso.[43] Claro, que todos los días encargo un
pedido a la tienda. Veintiseis latas. No se puede usted figurar lo
socorridas[44] que son las conservas.[45] Yo tengo una amiga en el   20
Havre,[46] que se casó con un chico que se llama Benito Ro-
dríguez, no sé por qué...

CERVEILLE. (*Furioso.*) ¡Cállese! ¡Cállese de una vez!

MARGARITA. Como me ha preguntado...

CERVEILLE. Le he preguntado qué sabía.   25

MARGARITA. Y por eso...

CERVEILLE. Y por eso no me tiene que recitar el quinto de Bachillerato.[47] Usted se había ido ... ¿no?

MARGARITA. ¿Me había ido?

CERVEILLE. Cuando entré me lo dijo.   30

MARGARITA. ¡Ah, sí! Es cierto. Al campo. A Château-Blanch.

---

37. are you getting along with
38. nape of neck
39. **Daos prisa** Hurry
40. spoiled
41. whirlwind
42. **"hony ... pense"** *French* evil
to him who evil thinks
43. **no paso** I do not go beyond
44. **lo socorridas** how useful
45. canned goods
46. **el Havre** City in northern
France.
47. **el quinto de Bachillerato** the
fifth (year) of bachelor's degree,
secondary school

CERVEILLE. Pero volvió.

MARGARITA. Sí.

CERVEILLE. Porque se le olvidó la llave del hotelito.

MARGARITA. Sí.

5 CERVEILLE. Y dejó las maletas en consigna.[48]

MARGARITA. ¡Cuánto sabe usted, Hilario!

CERVEILLE. (*Fastidiado.*)[49] Llámeme Inspector o señor Cerveille. (*Una pausa. Apunta algo en un block.*[50] *De pronto, incisivo.*[51]) ¿Cómo marcha[52] con su marido?

10 MARGARITA. Del brazo[53] y parándome en los escaparates.[54]

CERVEILLE. Digo que si[55] se llevan bien.

MARGARITA. Como todos los matrimonios.

CERVEILLE (*Apuntando.*) Se llevan mal. (*A Margarita.*) ¿Le ha dirigido alguna vez algún reproche?

15 MARGARITA. No le he dado tiempo. Cuando va a decir algo, me pongo a hablar yo y...

CERVEILLE. Comprendido. (*Le muestra un papel.*) Su marido suscribió[56] esta póliza de seguros.[57]

MARGARITA. A todo riesgo.[58]

20 CERVEILLE. Cinco millones.

MARGARITA. Una pochez.[59]

CERVEILLE. ¿Qué opina del muerto?

MARGARITA. Era feísimo.

CERVEILLE. La primera vez que lo veía, claro.

25 MARGARITA. ¡Claro! (*De pronto.*) Es decir...

CERVEILLE. Es decir, ¿qué?

MARGARITA. Lo he visto antes.

CERVEILLE. ¿Dónde lo vio?

MARGARITA. En Roma. Una noche.

30 CERVEILLE. ¡Vaya! Va saliendo. ¿Y qué más?

MARGARITA. (*Dramática.*) Fue horrible. Se lo advirtió al conde.

---

48. checkroom
49. Annoyed.
50. pad of paper
51. cutting (*remark*)
52. do you walk, do you get along (*pun*)
53. **Del brazo**   Arm in arm
54. shop windows
55. I wonder if
56. signed
57. **póliza de seguros**   insurance policy
58. **A todo riesgo.**   Against all loss.
59. trifle (*slang*)

CERVEILLE. ¿Qué conde?

MARGARITA. El conde.

CERVEILLE. ¡Ay! Hay un conde.

MARGARITA. Hay muchos.

CERVEILLE. ¿Un conde español?   5

MARGARITA. Naturalmente. ¿Concibe usted un conde venezolano?

CERVEILLE. ¿Qué es lo que advirtió el conde?

MARGARITA. (*Con dramatismo.*) Le dijo. "Te me cepillo.[60] Pase lo que pase,[61] te me cepillo."

CERVEILLE. Usted salía con el muerto.   10

MARGARITA. Sí. Hotel Torna Sorrento.[62] Orientazione mezzogiorno, camera ottanta sei.[63] Pero estaba en el ajo[64] la hermana.

CERVEILLE. La hermana del conde.

MARGARITA. La hermana del muerto.

CERVEILLE. Ya.[65]   15

MARGARITA. Que fue acompañada del hijo.

CERVEILLE. Del hijo del muerto.

MARGARITA. Del hijo del conde. (*El Inspector se limpia el sudor con el pañuelo.*) Ella le dijo: "Sé que morirás. Pero hay más cosas en el mundo. Ten calma, Joe". Se llamaba Joe. Entonces 20 el negro que era primo de Joe, pero estaba casado con la madre del conde, se puso nervioso. La hermana que era la hija y prima de un turco, porque tenían distinta madre ella y el muerto, le lanzó una puñalada[66] al conde.

CERVEILLE. Y le dio al negro.   25

MARGARITA. A un camarero. Pero no le hizo nada. De todo esto se deduce que el negro tenía interés en matar a Joe y que se puso de acuerdo con el conde. Lo siguieron hasta aquí y acabaron con él. Mi marido no es culpable de nada.

CERVEILLE. (*Fatigado, sudoroso.*) Si acaso, de haberse casado con 30 usted.

MARGARITA. ¿Decía... ?

60. **Te me cepillo.**   I brush you off.
61. **Pase lo que pase**   Happen what may
62. **Torna Sorrento**   Come Back to Sorrento (*seaport city on Bay of Naples*).
63. **Orientazione ... sei.**   *Italian* Orientation south, room 86.
64. shady business
65. I understand.
66. **lanzó una puñalada**   gave a stab

CERVEILLE. Nada, nada... Recapitulemos. Corríjame si me equivoco. El muerto se llama Joe y su padre es camarero de un conde, y está casado con la hermana de su hijo, que es negra.

MARGARITA. ¡No, no, no!... El negro es primo de un conde que se
5   llama Joe y es camarero de una muchacha que...

CERVEILLE. (*Dando un golpe en*[67] *la mesa.*) ¡Bastaaaa!... ¡Oiga!... ¿Sabe lo que hacemos con los encubridores?[68]

MARGARITA. ¿Les obligan a fumar tabaco español?

CERVEILLE. La cárcel y judías a la bretona[69] seis años y un día.
10   ¿Qué hay del negro, digo de Joe ... ¡maldita sea! ... de Roma?

MARGARITA. Lo conocí allí.

CERVEILLE. ¿Se amaron?

MARGARITA. ¡Qué se ha creído! Yo soy una mujer decente. Y las mujeres decentes no engañamos al marido en Roma. Lo enga-
15   ñamos en casa.

CERVEILLE. ¿Cómo se llamaba el conde?

MARGARITA. Alejo de Rocamora.

CERVEILLE. ¿Juró matar al muerto?

MARGARITA. Sí. Se lo aseguro.
20 CERVEILLE. ¿Y el negro?

MARGARITA. Era familiar.[70] Joe le debía dinero. El negro que, fíjese qué tontería, tenía las manos negras, lo golpeó.

CERVEILLE. ¿Vio usted a Rocamora o al negro aquí?

MARGARITA. Al negro. En un bar.
25 CERVEILLE. ¿Algo más?

MARGARITA. Sí. Me parece que he visto algo de mucho interés, pero no me acuerdo.

CERVEILLE. (*Fastidiado.*) A lo mejor ha sido un modelito de Dior.[71]
30 MARGARITA. No, no. Era una cosa así, para policías. Y que lo solucionaba[72] todo. Pero no me acuerdo de qué es. Cuando yo no me acuerdo de una cosa, me pongo insoportable.

---

67. **Dando un golpe en**   Striking
68. accessories after the fact
69. **judías a la bretona**   French beans boiled and served in brown sauce
70. pertaining to the family
71. **Dior, Chrétien** (1905–1957), Parisian fashion designer.
72. was solving

CERVEILLE. Y acordándose.

(*André en la puerta.*)

ANDRE. El portero dice que él, en cuanto deja de estar sentado en la portería,[73] se acuesta. Y ella estaba oyendo la radio. Nada en limpio.[74]

5

CERVEILLE. Localízame a este tipo. (*Le tiende un papel que arranca del block.*) Interroga otra vez a la muchacha que descubrió el cadáver. ¡Eh! Salgan ustedes. Usted, señora, métase en la alcoba y duerma un rato. Después hablaremos.

Exercises

I. *Explain the use of the subjunctive in each of the following sentences:*

1. Por una vez en tu vida es necesario que tengas juicio.

2. El hecho de que mi marido haya matado a un hombre, no significa que se le deba tratar como criminal.

3. Pues que no estudie.

4. Pues que no lo aprenda.

5. Pase lo que pase, te me cepillo.

6. Quisiera saber qué ley puede ordenar a una mujer que no esté junto a su marido.

II. *Translate the following idiomatic sentences:*

1. Es preciso que vaya.

2. ¿Te parece poco juicio el que te van a armar a ti?

3. A pesar de sus cincuenta años, comete torpezas infantiles.

4. Daos prisa con ese informe.

5. Pero no tengo yo la culpa.

6. Es decir, ¿qué?

7. El portero dice que él, en cuanto deja de estar sentado en la portería, se acuesta.

---

73. porter's lodge   74. **en limpio**   clear

III. *Answer the following questions in Spanish:*

   1. Describa la escena cuando comienza el Segundo Acto.
   2. ¿Quién es André?
   3. ¿Qué hace el policía?
   4. ¿Por qué es necesario ponerse de acuerdo Simón y Margarita?
   5. ¿Qué va a construir Margarita?
   6. ¿Por qué debe Margarita meterse en el dormitorio?
   7. ¿Cómo es Hilario Cerveille?
   8. ¿Por qué cree Cerveille que mienta el portero?
   9. ¿Por qué no quiere Simón ir a su cuarto?
  10. ¿Qué informe le da Broulard a Cerveille?
  11. ¿Puede guisar bien Margarita?
  12. ¿Por qué está fastidiado Cerveille con Margarita?
  13. ¿Se llevan bien Margarita y Simón?
  14. ¿Por cuánto es la póliza de seguros de Simón?
  15. ¿Quién es Joe?
  16. ¿Quién es Alejo de Rocamora?
  17. ¿Qué hace el portero cuando deja de estar sentado en la portería?

Learn this vocabulary
before you read pages 67-76

aprobar to approve
asombrar to astonish
confundir to confuse
consumir to consume
cuento story
dama lady
demostrar to demonstrate
despacito slowly
guapo good-looking

hábilmente cleverly, skillfully
harto satiated, fed up
jefe *m.* boss
puesto place
seña sign
tiro shot
vulgar common

༺༒༒༒༺

(*Sale Simón. Margarita le da un beso y le susurra al oído.*)
MARGARITA. ¡Tranquilo, Simón! Lo he arreglado todo.
(*Y hace mutis por el lateral izquierda. André desapareció por el foro. El Inspector señala el sofá a Simón. Se sientan.*)
CERVEILLE. Señor Aldebert.   5
SIMON. A su disposición.[1]
CERVEILLE. Déme una cafiaspirina.
SIMON. No tengo.
CERVEILLE. Se le habrán acabado,[2] porque usted las debe usar por
  toneladas.[3]   10
SIMON. Sí. Se me han acabado. La última se la llevó la vecinita.
CERVEILLE. Gracias de todos modos. Voy a interrogarle por última
  vez. Tiene la ocasión de cantar de plano.[4] Aprovéchela.
SIMON. Señor Inspector, es preciso que...
CERVEILLE. ¡Hablo yo! (*Tras una pausa, incisivo.*) ¿Qué me dice   15
  del negro?
SIMON. ¿Eh?
CERVEILLE. Sí: del negro.

---

1. **A su disposición**   At your service.
2. **Se le habrán acabado**   You must have run out of them
3. **tons**
4. **cantar de plano**   to make a full confession

SIMON. (*Perplejo.*)[5] Pues así mucho no lo entiendo.

CERVEILLE. Prefiere que hablemos del conde.

SIMON. ¿Del conde?

CERVEILLE. Exacto.

5   SIMON. ¿Del de Montecristo?[6]

CERVEILLE. (*Con intención.*)[7] Hotel Torna Sorrento. Orientazione mezzogiorno, camera ottanta sei.

SIMON. Muy bien. Pues para usted el céntimo.[8]

CERVEILLE. La hermana del muerto. En Roma.

10   SIMON. (*Confundiendo la alusión.*) ¡Ah! Lo sabe usted ya.

CERVEILLE. Sí. Y no me pregunte cómo. ¡Conteste!

SIMON. Bueno ... no era la hermana.

CERVEILLE. ¿Ah no?

SIMON. Era su hermana, pero menos.[9]

15   CERVEILLE. De padre.

SIMON. Y muy señor mío.[10]

CERVEILLE. Vamos. La novia.

SIMON. Eso. Le daba dinero.

CERVEILLE. ¿Y qué pasa con Roma?

20   SIMON. Bueno, pensábamos rematar la juerga allí, en un reservado.

CERVEILLE. (*Asombrado.*) Y para rematar una juerga se va usted
a Roma.

SIMON. ¡Es que como los reservados de Roma!

25   CERVEILLE. Usted es un sibarita.[11]

SIMON. Conozco al camarero...

CERVEILLE. (*Conectando.*) ¡Ah! De modo que el camarero...

SIMON. Sí. ¿Qué pasa? Es amigo.

CERVEILLE. ¡Amigo! Y el muerto le dio una puñalada al camarero

30   por dársela al negro. (*Muy contento.*) Todo va encajando,[12]
todo va encajando.

---

5. Perplexed.
6. *Count of Monte Cristo* by
   Alexandre Dumas (1802–1870),
   French novelist.
7. **Con intencíon.**   Deliberately.
8. centime (*one hundredth part of*

a franc)
9. not exactly
10. **muy señor mío**   my dear sir
    (*irony*)
11. luxury lover
12. fitting

SIMON. (*Tras pensar un instante.*) ¿Usted el ingreso en el cuerpo lo aprobó a la primera?[13]

CERVEILLE. A la segunda.

SIMON. Por recomendación.

CERVEILLE. Solito.[14] ¿Qué pasa? 5

SIMON. No, no, nada, nada.

CERVEILLE. Voy a decirle lo que ocurrió. Durante su estancia en Roma, el camarero le metió en un lío. Se hicieron compinches.[15] El muerto apuñaló[16] al camarero y usted juró vengarlo. (*Simón intenta hablar, pero Cerveille no le deja.*) 10 Llegado aquí, citó al muerto y con cualquier pretextillo lo mató. ¿Estamos de acuerdo?

SIMON. No.

CERVEILLE. ¿Qué pasó en Roma?

SIMON. ¿Pero a qué Roma se refiere? 15

CERVEILLE. ¿A cuál va a ser? A ésa que sale en todas las películas.

SIMON. Hay una confusión. Yo decía "Casa Roma", el cabaret que hay en las afueras.

CERVEILLE. ¿Que usted no ha estado en Roma?

SIMON. No, señor Inspector. El único ser humano. Me querían 20 hacer un homenaje.

CERVEILLE. Oiga ... su mujer...

SIMON. ¿Pero usted le hace caso a mi mujer?

CERVEILLE. Hombre, no estando casado con ella, no veo por qué no. 25

SIMON. Es una buena chica y la quiero. Pero está como un piano, Hilario.

CERVEILLE. (*Fastidiado.*) Llámeme Inspector o señor Cerveille, oiga.

SIMON. ¿Quiere saber la verdad? 30

CERVEILLE. (*Harto ya.*) Sí. Pero dígamela despacito que me aturrullo.[17]

13. ¿Usted el ingreso en el cuerpo (de policía) lo aprobó a la primera (vez)?   Were you approved for entrance into the (police) force after your examination the first (time)?

14. All alone.
15. pals
16. punched
17. me aturrullo   I become bewildered

SIMON. Sé que la verdad resulta muy difícil de creer. Pero la
realidad[18] es que ese hombre se mató al tropezar en el umbral
de la puerta del ropero. Déjeme que le explique. Este accidente—o falso crimen—empezó porque yo quería un pla-
5   nete.[19]

CERVEILLE. ¿Eh?

SIMON. Sí, un planete de verano. ¿Puedo contar con su confianza?

CERVEILLE. ¡Claro!

SIMON. ¿No dirá nada a mi mujer, pase lo que pase?

10 CERVEILLE. Tienen que pasar cosas muy gordas.

SIMON. Una cosa es que lo metan a uno en la cárcel y otra tener
una bronca[20] con mi mujer.

CERVEILLE. ¿Impulsiva?

SIMON. Arroja objetos.

15 CERVEILLE. Vulgar.

SIMON. Y habla.

CERVEILLE. Eso ya es peor.

SIMON. ¿Un sorbito[21] de bicarbonato?

(*Cerveille le tiende el vaso.*)

20 CERVEILLE. ¿Duodeno?[22]

SIMON. Píloro. Ulcera.

CERVEILLE. ¿Pegada[23] a cabeza de páncreas?

SIMON. Sencilla.

CERVEILLE. ¿Ha probado el Digesto-Marchan?

25 SIMON. No.

CERVEILLE. Una seda.[24]

SIMON. Lo apuntaré.

CERVEILLE. Decía.

SIMON. Que facturé a las señoras para Château-Blanch. Me pro-
30 ponía juerguearme[25] esta noche y llamé a una vieja amiga...
Su "hermano" debió oír la conversación. Se presentó aquí,
para hacerme objeto de un chantaje. Discutimos. Le amenacé.

18. truth
19. little plan
20. row
21. little sip
22. Duodenum? (*first part of small*
intestine)
23. Taken root
24. seda(tivo)   sedative
25. to go on a spree

CERVEILLE. Con una de las palas.

SIMON. Con una botella de leche que había en la mesita. Trató de refugiarse[26] en el ropero y...

CERVEILLE. No le creo una palabra. Es usted de esos hombres que llegan fácilmente al asesinato. 5

SIMON. Escuche, Inspector. Yo puedo ser un asesino. Todos podemos serlo. Usted mismo.

CERVEILLE. ¡Qué risa!

SIMON. Ni mucho menos.[27] ¿Recuerda el crimen de Tours,[28] el de Dominici? ¿El asesinato de los Drummond? 10

CERVEILLE. Sí.

SIMON. Fue usted.

CERVEILLE. Amigo mío...

SIMON. Se encontraron los cadáveres del padre, la madre y la hija. ¿Pero y[29] las dos niñas que vieron el crimen, gritaron y des- 15 pués desaparecieron sin dejar rastro?[30]

CERVEILLE. ¿Había dos niñas?

SIMON. Las que vieron cometer el crimen.

CERVEILLE. ¡Qué bien! ¿Y por qué?

SIMON. Los Drummond sabían lo de Ninette. 20

CERVEILLE. ¿Qué?

SIMON. Aquel servicio que usted dejó de hacer por Ninette. Ella esperaba en su saloncito, lleno de cojines y porcelanas[31] de Limoges.[32] Usted se quedó con Ninette. Y los Drummond le vieron. 25

CERVEILLE. ¿Cómo?

SIMON. Buscaban alojamiento.[33] La pensión[34] del piso bajo. Aquel maldito balcón daba al patio. Usted liquidó en el campo a la familia. Dos niñas le vieron. Cuando entraron en prefectura[35] a denunciar[36] el asesinato las recibió usted mismo. 30

---

26. to take refuge
27. **Ni mucho menos.** Not by a long shot.
28. City in west-central France.
29. **Pero y** But what about
30. trace
31. porcelain
32. City in west-central France.
33. lodging
34. boarding house
35. prefecture (*office of a prefect who governs a district*)
36. give information on

¡Qué ocasión! Los dos únicos seres que por una imprudencia podían arruinar su carrera.

CERVEILLE. Y si las mataba, me hacían Presidente de la República.

SIMON. Usted no es tonto. Se contuvo. Las llevó luego al campo.
5   Cerca del río Bord. Apretó suavemente. Murieron.

CERVEILLE. (*Con los ojos fuera de las órbitas.*) ¿Las estrangulé?

SIMON. A una. A la otra la golpeó con una piedra en la cabeza. ¡Al fin libre! ¡Al fin impune![37]

CERVEILLE. ¡Pero las encontrarían!

10 SIMON. No. Debajo del puente del río Bord. Las enterró.[38]

CERVEILLE. ¿Con qué?

SIMON. Llevaban un cubo y una pala. Enterró después el cubo y la pala con ellas. Fue largo, pero se hizo.

CERVEILLE. (*Verdaderamente conmocionado.*[39]) ¡Dios mío!

15 SIMON. ¡Ah, señor Inspector! Demuestre usted que no es un asesino. Demuéstrelo cuando el destino se empeña en que lo parezca.

CERVEILLE. ¿Qué significa, entonces, esa historia del negro y del camarero?

20 SIMON. No lo sé.

CERVEILLE. Su mujer dijo...

SIMON. Quise advertirle de cómo las gastaba[40] mi mujer. Ya se lo he dicho. Con todos estos cuentos, sólo pretendía buscarme una coartada.

25 CERVEILLE. (*Dando un puñetazo*[41] *en la mesa.*) ¡Coartada que no hay forma[42] humana de encontrarla!

SIMON. Acuérdese de las niñas.

CERVEILLE. ¡Acuérdese de la porra![43] Ustedes me han visto y se han dicho: Ese policía es tonto y se llama Hilario, que siem-
30 pre resulta gracioso. A guasearnos de él.[44]

SIMON. Le juro por Dios que todo cuanto dije es la verdad.

CERVEILLE. ¡Pruébelo!

---

37. unpunished
38. you buried
39. moved
40. **las gastaba** behaved
41. blow with his fist
42. way
43. club
44. **A guasearnos de él.** Let's make fun of him.

SIMON. Pruebe usted lo de las niñas.

CERVEILLE. ¡Ay, madre, qué tío! A usted lo voy a detener[45] por posma.[46]

SIMON. No lo puedo probar. Pero no maté a ese hombre. Me limité a asustarlo. 5

CERVEILLE. Con una botella de leche.

SIMON. Sí.

CERVEILLE. ¿Dónde está?

SIMON. Ahí.

(*Señala la mesita, pero no hay nada.*) 10

CERVEILLE. (*Burlón.*) Se evaporó, ¿eh?

SIMON. (*Desconcertado.*) Si no puede ser. Alguien la ha cogido.

CERVEILLE. No ha existido nunca.

SIMON. Sí, se lo juro. ¿Para qué iba yo a inventar eso?

CERVEILLE. A usted le dejan suelto[47] e inventa un aparato para 15 planchar[48] las corbatas inarrugables.[49]

SIMON. Le repito que alguien se la ha llevado.

CERVEILLE. Para vender el casco.[50]

SIMON. (*Cogiéndole de las solapas.*) Hilario, alguien quiere que usted me crea el asesino de ese hombre. 20

CERVEILLE. ¡Paparruchas![51]

SIMON. Déjeme pensar. Cuando se llevaron a Dupont, esta habitación estuvo sola[52] un par de minutos. Cualquiera pudo entrar y llevarse la botella.

CERVEILLE. Mire. Yo soy de Gobentaina, distrito de Picardía.[53] 25 Allí para hacernos los graciosos,[54] les ponemos un cohete[55] a las viejas en el asiento. ¡Diablo de tipo! ¿Para qué quería nadie una botella de leche?

SIMON. Eso es lo que quisiera saber. Pretenden llevarme a la cárcel para toda la vida. Pero aún tengo mucho que hablar. 30

CERVEILLE. Si usted habla, a quien llevan a la cárcel es a mí.

---

45. arrest
46. stupidity
47. free
48. ironing
49. wrinkle-free
50. empty bottle
51. Nonsense!
52. empty
53. Province in northern France, on English Channel.
54. **hacernos los graciosos** play the part of the clowns
55. skyrocket

(*Por el foro André.*)

ANDRE. Nada nuevo, jefe. Sostienen lo que dijeron en un principio.

CERVEILLE. Llama al triste. Y no te pongas a leer periódicos cuan-
5   do estemos investigando, que hace de risa.[56]

ANDRE. Sí, señor Inspector. (*Se guarda el periódico que había
desplegado*[57] *y acude a la izquierda.*) ¡Usted! ¡Usted! Salga,
haga el favor.

SIMON. (*Anhelante.*) Tiene que darme tiempo. Esto se complica
10   de forma tremenda, Hilario.

CERVEILLE. ¡Cállese! ¡Y no me llame Hilario!
(*Enrique ha aparecido en la izquierda.*)

SIMON. (*Cogiéndole de las solapas.*) Enrique, hay algo tremendo
en todo esto. No puedes figurarte.

15   ENRIQUE. (*Deprimidísimo.*)[58] ¿Treinta años[59] o nos afeitan en
seco?[60]

SIMON. ¡Enrique, tienes que ayudarme!

CERVEILLE. Déjelo en paz. Por última vez, caballero. ¿Tiene usted
algo más que decir?

20   ENRIQUE. (*Muy triste.*) Sí. Han cortado el agua y tengo sed.

CERVEILLE. Conteste. Está usted en trance de[61] ir para toda su vida
a la cárcel.

ENRIQUE. (*Dejándose caer en el sofá.*) No podía ser, Inspector. A
mí no me sale un plan de verano, ni a tiros.[62] Pero, demonio,
25   ya hasta que maten a un señor ... me parece demasiado. La
próxima vez que busque plan, aterrizan[63] los marcianos.

SIMON. Escucha, Enrique. Trata de recordar.

CERVEILLE. ¡Cállese!

SIMON. No me da la gana.[64] Recuérdalo. Yo puse ahí la botella:
30   ¿qué pasó luego? ¿Has visto cómo alguien la cogía? ¿Lo has
visto?

---

56. **hace de risa**   causes laughter
57. unfolded
58. Very depressed.
59. **Treinta años**   Thirty years
(*maximum jail sentence*)
60. **nos afeitan en seco**   do they
cut our throats

61. **en trance de**   at the point of
62. **A mí ... ni a tiros.**   A summer
plan does not occur to me, not
even if you kill me.
63. land
64. **No me da la gana.**   I do not feel
like it.

ENRIQUE. Tengo sed.

SIMON. Enrique, por tus muertos... ¡La botella! Yo puse ahí la botella.

ENRIQUE. Sí.

SIMON. (*Triunfante.*) ¡Ah, lo ve! ¡Lo está viendo! (*Suena el teléfono. Lo coge Hilario.*) Hay una botella, Inspector. Lo que demuestra que yo no mentía y si alguien la ha cogido...

CERVEILLE. (*Tapando el auricular. Amenazador.*[65]) Una sola palabra más y le interrogo hábilmente. (*Al aparato.*) Sí, Broulard. ¿Qué hay?[66] ¿Está eso? ¡Estupendo, hombre! ¿Qué? ¿Pero qué dices? ¡Diablo!... ¡Arrea![67] ¿Seguro? Está bien. Gracias.

(*Cuelga. Mira a Simón desconcertado.*)

SIMON. No me diga usted que Dupont no está muerto.

CERVEILLE. Para su desgracia[68] lo está, amigo mío. Llama a las damas. (*Se lo ha dicho a André, que hace una seña en la izquierda.*) Muerto y bien muerto. Y ésa es su perdición. Perfecto. Ahora es cuando se encaja todo.

(*Han salido Margarita y Brigette.*)

MARGARITA. (*Entre dientes.*) ¿Te ha hablado de un negro?

SIMON. Sí, guapa.

MARGARITA. Está hecho un taco.[69] Se le nota.

CERVEILLE. Acabo de recibir el informe médico y hay un pequeño detalle con el que ustedes no contaban. (*Inquietud.*) Ese hombre ha muerto. De acuerdo. Pero usted no lo mató, Aldebert.

SIMON. ¡Ya era hora![70]

CERVEILLE. No lo mató, por la sencilla razón de que no murió a consecuencia del golpe.

SIMON. ¿Qué?

CERVEILLE. Murió envenenado.[71] Cicuta[72] a grandes dosis, disuelta en leche. Un colapso fulminante,[73] mientras estaba sin conocimiento.

65. Threatening.
66. ¿Qué hay?   What is the matter?
67. Do tell!
68. **Para su desgracia** Unfortunately for you
69. **Está hecho un taco.**   He has become confused.
70. **¡Ya era hora!**   It was (about) time!
71. poisoned
72. **Poison hemlock**
73. sudden

SIMON. ¡Hilario!

CERVEILLE. Usted lo creyó muerto. Lo encerró en el ropero, y mientras discutía con su amigo la forma de sacarlo de casa, Dupont se moría envenenado ahí dentro.

5   ENRIQUE. ¡Ahí va!

CERVEILLE. Esto nos lleva a terribles consecuencias. Según su declaración, Dupont le pidió coñac. Pero estaba bebiendo leche.

SIMON. Sí.

CERVEILLE. Y usted, enfermo del estómago, la iba a consumir sin

10   ninguna duda.

SIMON. ¿Qué quiere usted decir?

CERVEILLE. Quiero decir que el pobre Dupont murió en su puesto, amigo Aldebert. Que, o yo soy muy tonto, o ese veneno[74] iba para usted y de paso[75] para su amigo. Y que conozco dos per-

15   sonas ... dos únicas personas que no hubieran podido beberse la leche y que tenían interés en hacer desaparecer la botella.

SIMON. (*Horrorizado.*) ¡Margarita!

ENRIQUE. (*Igual.*) ¡Brigette!

CERVEILLE. (*Señalando la puerta del foro.*) Las señoras delante.

20   (*Margarita y Brigette cambian una mirada de terror.*)

Telón

Exercises

I. *Translate the following idiomatic sentences:*

1. Le doy las gracias de todos modos.
2. ¿Pero usted le hace caso a mi mujer?
3. ¿Puedo contar con su confianza?
4. Aquel maldito balcón daba al patio.
5. Han cortado el agua y tengo sed.
6. No me da la gana.

74. poison   75. **de paso**   in passing

II. *Explain the use of the imperfect and preterit in each of the following sentences:*

1. André desapareció por el foro.
2. Bueno, pensábamos rematar la juerga allí, en un reservado.
3. ¿Usted el ingreso en el cuerpo lo aprobó a la primera?
4. Voy a decirle lo que ocurrió.
5. Se hicieron compinches.
6. Me querían hacer un homenaje.
7. Que facturé a las señoras para Château-Blanch.
8. Me proponía juerguearme esta noche y llamé a una vieja amiga.
9. Los Drummond sabían lo de Ninette.
10. Ella esperaba en su saloncito.
11. Quise advertirle de cómo las gastaba mi mujer.
12. ¿Para qué iba yo a inventar eso?
13. Cuando se llevaron a Dupont, esta habitación estuvo sola un par de minutos.
14. No podía ser, Inspector.
15. Cualquiera pudo entrar y llevarse la botella.
16. Lo que demuestra que yo no mentía y si alguien la ha cogido.
17. Yo puse ahí la botella.
18. ¡Ya era hora!
19. Hay un pequeño detalle con el que ustedes no contaban.
20. Pero usted no lo mató, Aldebert.
21. Y usted, enfermo del estómago, la iba a consumir sin ninguna duda.

III. *Answer the following questions in Spanish:*

1. ¿Por qué hay una confusión cuando Simón habló con Cerveille acerca de Roma?
2. ¿La quiere Simón a Margarita?
3. ¿Cómo explicó Simón la muerte de Dupont a Cerveille?
4. ¿Por qué hablan Cerveille y Simón de úlceras?
5. Cuando Simón le dijo a Cerveille la verdad, ¿le creyó?
6. ¿Cuál era el crimen de Tours?

7. ¿En dónde se enterraron a las dos niñas?

8. ¿Cómo explicó Simón a Cerveille los cuentos de Margarita?

9. ¿Cómo creerá Cerveille lo que Simón le dice del crimen?

10. ¿Le creyó Cerveille acerca de la botella de leche?

11. ¿Cómo podría alguien llevar la botella de leche?

12. ¿Qué demuestra que Simón no miente?

13. ¿Cómo murió Dupont?

14. ¿A quiénes sospechan ahora de la muerte de Dupont?

Learn this vocabulary
before you read pages 79-88

ánimo   courage
aparte   aside
ausencia   absence
barato   cheap
espantoso   frightful
explicación   explanation
fiarse (de)   to trust (in)
funcionar   to work
honroso   honorable
menudo   small
odiar   to hate

oler a (huele)   to smell like
postre *m.*   dessert
retratar   to photograph
salvo   save, except
seguridad   security
suceso   event
sueldo   salary
tenedor *m.*   fork
tinta   ink
trozo   piece

Cuadro Segundo

El telón vuelve a levantarse sobre el mismo decorado. Han pa-
sado un par de horas.

(Entra por la derecha Simón, comiendo un trozo de tortilla de
patatas, sobre un plato, ayudándose con el tenedor. Se vuelve
hacia el interior y dice.)   5
SIMON. Sal, hombre, sal.
(Enrique ha aparecido de igual modo. Con su plato, su tenedor
y su tortilla.)
ENRIQUE. Te dije que terminábamos comiendo tortilla de patatas.
SIMON. *(Tristemente, abatido.[1])* ¿Quieres un poco de cham-   10
   pagne?
ENRIQUE. Si te empeñas.
SIMON. Anda, ábrelo tú. *(Simón se deja caer en el sofá. Enrique se*
   dispone a abrir la botella.) ¡Incomunicadas! Detrás de unos

---

1. discouraged

79

barrotes.[2] Doña Margarita Saldagne de Aldebert Hancocort y
Flasé de la Penagerie, en una celda.[3] ¡Con ese nombre!

ENRIQUE. ¡Y cabe!

SIMON. Mañana lo sabrá toda nuestra buena sociedad.[4] Me parece
5   estar oyendo a las mujeres: "Fíjate.[5] Margarita Aldebert ha
       querido envenenar a su marido. Qué bobada,[6] ¿verdad? Pues
       si envenenas al marido, a ver quién paga el teléfono. ¡Las hay
       que tienen humor para[7] todo!"

ENRIQUE. Sí, va a ser sonado.

10   SIMON. (Poniéndose en pie.) ¡Señor! Si es lógico, si es frotarle[8]
       a una mujer cinco millones de francos por el morro.[9]

ENRIQUE. Desde luego.

SIMON. Es un sueldo de ciento veinte mil al mes y nos aguantan,
       que es más difícil que matarnos...

15   ENRIQUE. Tienes razón.

SIMON. Bueno, ¿qué diablos te ocurre con esa botella?

ENRIQUE. Parecerá una tontería en estas circunstancias, Simón,
       pero me da miedo el ¡puf!

SIMON. Vaya, hombre. Estás hinchándote,[10] de ver muertos, te
20   has salvado de la fosa[11] por los pelos y ahora te da miedo el
       taponazo.[12]

ENRIQUE. Ya te he dicho que es una tontería.

SIMON. Trae acá. (Descorcha[13] la botella. Escancia[14] unas copas.)
       Bueno, supongo que esto no tendrá nada.

25   (Lo huele.)

ENRIQUE. ¡Huy,[15] huy, huy! Huele a vino.

SIMON. Te advierto que llames al portero, darle una copita y es-
       perar a ver que pasa...

ENRIQUE. No sería ninguna tontería.

30   SIMON. Confiemos en los tapones[16] de la casa Cliquot.

2. bars	9. head
3. cell	10. exaggerating
4. **buena sociedad** high society	11. grave
5. Imagine.	12. pop (of a cork)
6. foolishness	13. He uncorks
7. **tienen humor para** see humor	14. He pours
in	15. Oh!
8. to give	16. corks

ENRIQUE. (*Bebe.*) ¿Qué tal?

SIMON. Como siempre. Con burbujitas.[17]

ENRIQUE. Que Dios me ampare.[18] (*Bebe a su vez.*) ¿Qué les pasará?

SIMON. Asesinato frustrado. Echale[19] quince años. 5

ENRIQUE. ¡Quince años!

SIMON. Tal vez más. ¡Ah, y qué bien lo tenían planeado las condenadas! Veneno. Y la ausencia forzada. Una llave, sin embargo. Y a volver para convencerse de que todo estaba en orden. ¡Menudo par de "monstruas"![20] 10

ENRIQUE. ¡Y a mí que me son simpáticas!

SIMON. Oye...

ENRIQUE. Quiero decirte que no puedo odiarlas.

SIMON. Si supieras. Ahora cuando volvíamos de la prefectura, de verlas allí encerradas, de oír a Margarita insultar a los 15 guardias...

ENRIQUE. Y de ver a Brigette verterle[21] la tinta en el traje al Inspector...

SIMON. He entrado aquí como todas las noches. He hecho lo de siempre, arrojar las llaves sobre la mesita, aflojarme[22] el nudo 20 de la corbata. Enrique, estuve a punto de llamarla. Me parecía que iba a salir diciéndome, como siempre: "Ha telefoneado no sé quién para que vayas a no sé dónde, a no sé qué hora. Pero que no dejes de ir, que es muy importante".

ENRIQUE. A mí me parece que las queremos. 25

SIMON. Claro que las queremos. Cuatro años discutiendo con una mujer. A ver quién es el guapo[23] que no le toma cariño.[24]

ENRIQUE. La verdad, Simón, no me cabe en la cabeza que nadie quiera matarme a mí. Con la poca cosa que soy.

SIMON. Y, sin embargo, hay algo que no encaja, ¿sabes? 30

ENRIQUE. ¿Que no encaja?

SIMON. Sí. Es como si sobre un sofá donde hay cuatro cojines,

17. little bubbles
18. protect
19. Impose on her
20. monsters
21. spilling
22. loosening
23. gallant (one)
24. **no le toma cariño** does not become fond of her

alguien quita uno. Entramos. Miramos a nuestros alrededores.
Falta algo en la habitación. Algo no está completo. Pero, en un
principio, no nos damos cuenta, ¿comprendes?

ENRIQUE. Sí.

5 SIMON. Margarita dijo algo, muy importante, algo que es decisivo
para todo esto. Pero no puedo recordar de qué se trata. Sólo sé
que falta un cojín.

ENRIQUE. ¿Y las prójimas?

SIMON. Esa es otra.[25] Son las cuatro y media. No han venido. Ni
10 vienen ya, por supuesto. ¿Y por qué no han venido?

ENRIQUE. No encontraría a la "Allons enfants".

SIMON. Hay otra explicación.

ENRIQUE. ¿Que se te ha ocurrido a ti?

SIMON. Sí.

15 ENRIQUE. No sigas. Son las que mataron al niño de Lindberg[26] y
las han cogido.

SIMON. Figúrate qué bonita combinación. Margarita sabía mis
devaneos[27] con la Lulú.

ENRIQUE. Pero si con los celos que ella tiene...

20 SIMON. Lo sabía y se callaba.

ENRIQUE. Que lo supiera, bueno; pero callarse ... ella. Eso sí
que no.[28]

SIMON. Se callaba. Llegado el momento de un acuerdo entre la
Lulú y ella. Un chantaje al cincuenta por ciento.[29]

25 ENRIQUE. ¡Qué bruto! Y el hermano de la Lulú.

SIMON. No era hermano de la Lulú. Era hermano de mi mujer.

ENRIQUE. Y todo eso...

SIMON. Para sacarme dinero.

ENRIQUE. Simón, no seas iluso.[30] A Margarita, con pedírtelo o
30 quitártelo, si no lo dabas, le basta.

SIMON. También es verdad.

ENRIQUE. Con esas teorías tuyas, no puede uno fiarse de nadie.

25. **otra (cosa)**   something else
26. Lindberg, Charles (1902—),
    American aviator, whose son
    was kidnapped.
27. flirtations
28. **Eso sí que no.**   Certainly not
    that.
29. **por ciento**   percent
30. deluded

SIMON. Y no puede uno fiarse de nadie en determinadas circunstancias. Yo soy un hombre normal, equilibrado.[31] Tomo café con leche. Y he podido ser un asesino. Margarita es una mujer ... bueno, no es normal, pero es eso que son todas las mujeres en Francia: casi decente.   5

ENRIQUE. Salvo honrosas excepciones.

SIMON. Se cruzaron[32] cinco millones de francos y ya ves: una envenenadora. Yo te puedo estar mintiendo.

ENRIQUE. No empecemos.

SIMON. El veneno lo puse yo en la leche para matar a ese hombre. 10
Había un chantaje, pero no por la Lulú. Por alguien más,[33] por una vieja que conocí en malos pasos[34] y que maté. Y que he tenido oculta toda la noche debajo del sofá. (*Enrique mira disimuladamente*[35] *debajo del sofá.*) No. No podemos fiarnos de nadie. Tú, yo, cualquier ciudadano, el más tonto, más santo 15
o más incapaz, puede ser un asesino.

ENRIQUE. La única solución para ti es la radio.

SIMON. ¿Los seriales?

ENRIQUE. Encenderla,[36] para no oírte.

SIMON. Hay algo que no encaja, Enrique. Y Margarita lo dijo. 20
Margarita lo dijo ... estoy seguro.

ENRIQUE. Lo que te ocurre es lo que a mí. Que no puedes resignarte a que nos quisieran dar el "lique".[37]

SIMON. Es probable.

ENRIQUE. Claro que lo es.   25

SIMON. Tráete una lata de sardinas. Anda. Y pon algún disco. (*Enrique conecta la gramola. "Ramona" vuelve a sonar lentamente. Enrique sale por la derecha. Simón observa los cojines del sofá con detenimiento.*[38] *Quita uno, luego otro. Los deja.*[39] *Enrique entra de pronto por la derecha, despavorido.*[40])   30

ENRIQUE. ¡Simón! ¡Simón!

SIMON. ¿Qué te ocurre?

31. balanced	37. **el lique** = **la liquidación**	
32. **Se cruzaron** were accumulated	liquidation	
33. else	38. thoroughness	
34. **malos pasos** difficulties	39. **Los deja.** He puts them back.	
35. furtively	40. terrified	
36. **Turn it on**		

ENRIQUE. ¡Dupont!

SIMON. ¡Qué estás diciendo... !

(*Desconecta la gramola.*)

ENRIQUE. ¡Dupont, Simón! ¡Que he visto a Dupont!

5 SIMON. ¡Pero quieres serenarte![41]

ENRIQUE. ¡Cómo me voy a serenar si he visto a Dupont!

SIMON. ¿Dónde?

ENRIQUE. En la cocina. Tenía calor.

SIMON. ¿Cómo?

10 ENRIQUE. Sí. Quería abrir la ventana y decía: "¡uf!"

SIMON. Oye, Enrique. No está el horno para bollos.[42]

ENRIQUE. ¡Dupont! ¡Duponcito otra vez, guapo! ¡A ése no nos lo quitamos de encima![43]

SIMON. ¡Enrique!

15 ENRIQUE. ¡A ése lo tenemos que meter en el padrón[44] como sobrino!

SIMON. Enrique, estás enfermo. ¿Te das cuenta? Estás viendo visiones. No había nadie en la cocina y nadie quería abrir la ventana.

20 (*Varios papeles que hay sobre la mesa, vuelan. Las cortinas del foro se mueven también a impulsos del viento. Simón lo comprueba[45] pensativo.*)

ENRIQUE. Ya la ha abierto.

SIMON. Bueno. Voy a la cocina. Estáte aquí quieto. No se te
25 ocurra moverte.

(*Simón hace mutis por la derecha. Enrique se seca el sudor con un pañuelo. Y se deja caer en un sillón. La puerta del ropero comienza a abrirse lentamente. Se detiene cuando Enrique vuelve la cabeza, como presintiéndolo.[46] Y renueva[47] su marcha[48] luego.
30 Queda unos cinco o diez centímetros abierta. Aparece Simón por la derecha.*)

SIMON. Nadie.

---

41. to become calm
42. **No está ... bollos.** I'm in too bad a humor for you to come annoying me with anything. (*lit.* The oven is too hot for the rolls.)
43. **no nos ... de encima** we did

not get rid of (him)
44. census
45. notices
46. having a presentiment of it
47. it renews
48. movement

ENRIQUE. ¿La ventana?

SIMON. Sí. Abierta. Pero pude dejarla abierta yo.

ENRIQUE. Te juro que vi a Dupont de pie, intentando abrirla.

SIMON. Escucha, Enrique. Los muertos no pueden tenerse en pie.[49] Ese es uno de sus encantos. Y mucho menos, abrir 5
ventanas.

ENRIQUE. Pero...

SIMON. Dupont no vuelve, Enrique. No puede volver. He registrado[50] la cocina palmo a palmo.[51] He salido incluso a la terracita del lavadero.[52] 10

ENRIQUE. Simón ... yo...

SIMON. Tú has visto una sombra reflejada[53] sobre la ventana. Y lo demás lo ha puesto tu imaginación.

ENRIQUE. ¿Qué sombra?

SIMON. La de la nevera. 15

ENRIQUE. ¿Y hacía "uf"?

SIMON. Hacía "ssss", porque acaba de ponerse en marcha[54] el motor. (*Lo levanta y le dice seriamente.*) Enrique, estamos en un lío espantoso. Es posible que salgamos retratados[55] en los semanarios de sucesos,[56] con un pie[57] que diga: "Los pi- 20
chones".[58] Van a encarcelar[59] a Margarita y Brigette. Es preciso que aguantemos con fuerza, con decisión, incluso ... ¿por qué no?, con cierta alegre seguridad.

ENRIQUE. ¿Alegre?

SIMON. Sí. Alegre. ¡Fuerza, muchacho! ¡A un lado los pesimismos 25
y las pesadillas![60]

ENRIQUE. Tienes mucha razón.

SIMON. Hemos de reconstruir nuestra vida. Hemos de luchar. Estamos solos, Enrique.

ENRIQUE. (*Con decisión.*) ¡Solos! 30

SIMON. ¡Animo! (*Manotazo al pecho.*) ¡El pecho fuera! (*Saca*

49.	**tenerse en pie** remain standing	56.	**semanarios de sucesos** weekly news
50.	searched	57.	caption
51.	**palmo a palmo** inch by inch	58.	inexperienced (*lit.* young pigeons)
52.	laundry	59.	to jail
53.	reflected	60.	nightmares
54.	**ponerse en marcha** started		
55.	photographed		

el pecho Enrique.) ¡La cabeza erguida! (*Se la levanta tomán-*
dolo de la barbilla.) ¡Los dientes fuera! (*Sonrisa de Enrique.*)
Vé a la cocina y tráete la lata.

ENRIQUE. ¡Sin miedo!

5   SIMON. ¡Naturalmente! ¡No pasa nada!

ENRIQUE. (*Heróico.*) ¿Quieres la llave también?

SIMON. Tráete un abrelatas.[61]

ENRIQUE. Pues te lo traigo.

(*Hace mutis, sonriente*[62] *y decidido*[63] *por la derecha. Simón se*
10 *acerca al sofá y vuelve a quitar un cojín. Luego se fija en el ro-*
pero, se dirige a él y se dispone a cerrarlo. Pero al tocar la puerta,
ésta se abre y cae en los brazos de Simón un bulto[64] *negro. Se*
trata de una mujer vieja, más difunta que el Mar Negro.[65])

SIMON. ¡Dios mío!

15 (*Se hace con*[66] *ella. La introduce en el ropero, entrando él a con-*
tinuación.[67] *Una pausa. Sale sudoroso. Se apoya contra la puerta*
del ropero. Entra Enrique.)

ENRIQUE. La latita. Y el abrelatas. ¡Ea! Además tenías tú razón.
La nevera da una sombra como la copa[68] de un pino.[69]

20 (*Y canturrea*[70] *débilmente una canción.*)

SIMON. ¡Cállate, idiota!

ENRIQUE. ¿Eh?

SIMON. (*Nervioso, mirando a todas partes.*) ¿A qué viene[71]
cantar, majadero?

25 ENRIQUE. Pero tú...

SIMON. Enrique ... es grave, es muy grave. Me tienes que ayudar
a sacarlo.

ENRIQUE. ¿Qué?

SIMON. ¡Un cadáver!

30 ENRIQUE. ¡Venga ya!

SIMON. Una vieja.

ENRIQUE. Que te conocía de tus malos pasos.

---

61. can opener
62. smiling
63. determined
64. form
65. Mar Negro   Black Sea, large inland body of water bounded by Russia, Rumania, Bulgaria, and Turkey.
66. Se hace con   He seizes
67. a continuación   right after
68. top
69. pine
70. he hums
71. ¿A qué viene?   Why?

SIMON. Escucha.

ENRIQUE. Y que la tienes debajo del sofá.

SIMON. No. En el ropero.

ENRIQUE. El día menos pensado[72] sale de ese ropero el Regimiento de Thol número 8.[73]

SIMON. Está ocurriendo algo terrible.

ENRIQUE. (*Como enloquecido.*) Lo que está ocurriendo es que me he hartado,[74] ¿sabes? ¡Me he hartado de que me líes![75]

SIMON. ¡Enrique... !

ENRIQUE. ¡Y de que te pases el tiempo imaginando novelas policíacas baratas!

SIMON. Oye...

ENRIQUE. ¡Y de que me asustes, y de que me digas que saque el pecho, para luego encogérmelo![76] ¡Estoy harto de ti y de tus cosas!

SIMON. Está bien. Tú lo has querido.

(*Abre la puerta del ropero y cae el cadáver de la anciana. Enrique, ya insensible, lo ve. Se quita la chaqueta y dice con absoluta normalidad.*)

ENRIQUE. ¿Dónde hay que meterlo?

SIMON. ¿Te das cuenta? (*Enrique, inmóvil, rígido, lanza un grito estentóreo.*[77]) ¡Enrique!

ENRIQUE. ¡No! ¡No lo soporto![78]

SIMON. Pero, Enrique...

ENRIQUE. ¡Tú y tus muertos! No hay quien lo aguante.

SIMON. Enrique, deja que te explique.

ENRIQUE. Cada vez que se abre esa puerta es para que aparezca un cristiano pasaportado.[79] ¡Ya está bien! ¿No crees?

SIMON. ¡Enrique!

ENRIQUE. Y además eres la olla a presión.[80] Avisas un momento antes de que esté hecho el guiso.[81]

---

72. expected
73. **Thol número 8** Imaginary regiment which, by euphony, suggests Tyrol, Austrian province fought over by Austria and Italy.
74. **me he hartado** I have become fed up
75. you are involving
76. to discourage me from doing it
77. stentorian, extremely loud
78. **¡No lo soporto!** I can't endure it!
79. issued a passport
80. **olla a presión** pressure cooker
81. dish (*of food*)

SIMON. Enrique ... esa vieja...

ENRIQUE. No quiero saber nada.

SIMON. ¡Enrique!

ENRIQUE. Ahora mismo llamo a Hilario y me declaro culpable de
5   algo para que me encierren, a ver si descanso.

SIMON. Escúchame.

ENRIQUE. Aparte de la verdad ¿qué puedo decir para que me metan en la cárcel?

SIMON. Voy a llamar yo a Hilaro ¿entiendes? Yo mismo. Pero
10   luego. (*Le arrebata*[82] *el teléfono que Enrique había cogido y
lo va a colgar. Sin embargo le extraña algo y coloca el auricular en su oído. Golpea el interruptor.*[83]) No funciona.

ENRIQUE. Los de la compañía, que como no puedes ser un asesino,
te lo han estropeado para que no llames a la policía.

15   SIMON. (*Mostrándole el cable roto.*) Exacto. Sólo que no ha sido
la compañía.

ENRIQUE. ¡El cable!

SIMON. ¡Roto! Y de postre[84] otro difunto.

ENRIQUE. ¡Yo me voy!

20   SIMON. Y yo contigo. ¡No toques nada! Hay que avisar a Hilario.
(*Se dirigen hacia la puerta. Simón acciona el tirador,*[85] *pero
la puerta no cede.*) ¿Qué pasa?

ENRIQUE. Está cerrada con llave.[86]

SIMON. ¡Qué raro! Estoy casi seguro de que la dejé abierta. Trae
25   las llaves. Están sobre la mesita.

(*Las busca Enrique.*)

Exercises

I. *Translate the following idiomatic sentences:*
   1. Tienes razón.
   2. Bebe a su vez.

82. He snatches   85. doorknob
83. switch   86. cerrada con llave   locked
84. de postre   as dessert, finally

3. Una llave, sin embargo, no está aquí.
4. Pero, en un principio, no nos damos cuenta.
5. Pero si con los celos que ella tiene.
6. Tenía calor.
7. Los muertos no pueden tenerse en pie.
8. Hemos de reconstruir nuestra vida.
9. Nervioso, mirando a todas partes.

II. *Explain the use of the subjunctive in each of the following sentences:*
1. ¿Qué puedo decir para que me metan en la cárcel?
2. No hay quien lo aguante.
3. Enrique, deja que te explique.
4. Avisas un momento antes de que esté hecho el guiso.
5. No toques nada.
6. No me cabe en la cabeza que nadie quiera matarme.
7. Que Dios me ampare.
8. Echale quince años.
9. Que lo supiera, bueno; pero callarse ... ella.
10. No empecemos.
11. No seas iluso.
12. Que no puedes resignarte a que nos quisieran dar el "lique".
13. No se te ocurra moverte.
14. Es posible que salgamos retratados en los semanarios de sucesos.
15. Es preciso que aguantemos con fuerza, con decisión.

III. *Answer the following questions in Spanish:*
1. ¿Dónde está Margarita?
2. ¿Cuánto ganaría Margarita a la muerte de su esposo?
3. ¿Por qué volvieron Margarita y Brigette según Simón?
4. ¿Las odia Enrique?
5. ¿Qué ha hecho Brigette al Inspector?
6. ¿Qué imagina Simón acerca de Margarita y la muerte de Dupont?
7. ¿Cómo es Margarita?
8. ¿Quiénes pueden ser asesinos?

9. ¿Qué piensa Simón cuando Enrique dice que vio a Dupont?

10. ¿Había alguien en la cocina?

11. ¿Qué cree Simón que Enrique ha visto en la cocina?

12. ¿Qué hacía "ssss" según Simón?

13. ¿Qué debe traer Enrique de la cocina?

14. ¿Qué ocurrió cuando Simón iba a cerrar la puerta del ropero?

15. ¿Le cree Enrique cuando Simón le dice que hay otro cadáver?

16. Cuando abrió la puerta del ropero Simón, ¿qué le dijo Enrique?

17. ¿Por qué quiere Enrique telefonear a Cerveille?

18. ¿Por qué no pudo telefonear?

19. ¿Por qué no pueden salir Simón y Enrique?

Learn this vocabulary
before you read pages 91-101

alimento food	hacer una pregunta to ask
alzar to raise	a question
atar to tie	impuesto tax
atento attentive	miel *f.* honey
auxilio aid	premio reward
bendecir to bless	proyecto project
blanco *n.* target	renta income
cadena chain	sano healthy
casualidad chance	surgir to rise
deslizar to slip	testigo witness
disfrutar to enjoy	

ENRIQUE. No.

SIMON. Seguro.

ENRIQUE. Aquí no están. (*Simón busca a su vez para convencerse. No. No están. Una larga mirada.*) ¿Qué ocurre?

SIMON. Enrique ... no sé por qué, pero me temo que hay alguien   5
que quiere ligar[1] un póker de muertos.

ENRIQUE. Y tú y yo somos la base de la jugada.[2]

SIMON. La cosa está clarísima. Mientras estábamos en la cocina, alguien entró aquí, dejó ese cadáver en el ropero, cortó el cable, cerró la puerta y se llevó las llaves.   10

ENRIQUE. ¿Estamos encerrados?

SIMON. Eso parece. Algo no resulta claro. Las protestas de inocencia de Margarita y Brigette...

ENRIQUE. ¿Pueden ser ciertas?

SIMON. Lo son. Dupont murió envenenado, pero por alguien que   15
quería matarme en realidad. Y el asesino anda cerca.

ENRIQUE. ¡Qué bien!

---

1. to bring together   2. play

91

SIMON. Y por las trazas,[3] somos tú y yo las únicas personas que le molestamos.

ENRIQUE. ¿Y si nos metemos en el ropero?

SIMON. Y así ya le ahorramos tiempo.

5 ENRIQUE. Encerrarnos dentro.

SIMON. No. Hay que salir de aquí, cuanto antes y cómo sea. (*Enrique inicia un movimiento.*) ¡Quieto, idiota! El criminal puede estar oculto en cualquier parte, esperando un buen blanco. Acércate al ventanal.

10 ENRIQUE. Si no te molesta, que se acerque tu tío el de Amiens.[4]

SIMON. ¿No comprendes? Hay que llamar al portero y a los vecinos.

ENRIQUE. ¡Y gritar socorro!

SIMON. A lo mejor sólo gritas: soco... ¡No! ¡Gritar no! Estáte
15 quieto. Cierra esa puerta. (*Señala la derecha.*) Y la otra. (*La izquierda. Enrique corre a obedecer.*) Atento a la escalera. ¿Se oye algo? (*Enrique corre a la puerta de la escalera. Apoya el oído en la hoja. Niega.*) Voy a asomarme. Intentaré deslizarme hacia la terracita de al lado. Una vez que lo haya hecho,
20 enciérrate en el ropero y aguarda. ¿De acuerdo?

ENRIQUE. De acuerdo.

SIMON. Si me cortan el paso, no olvides que te he tenido siempre afecto.

ENRIQUE. No lo olvido.

25 SIMON. Y le das a Margarita el tomo[5] de la Guerra de las Galias[6] que te presté.

ENRIQUE. Descuida.

SIMON. Un abrazo.

(*Se abrazan.*)

30 ENRIQUE. ¡Simón!

SIMON. Te juro que es el primer planete de verano que me termina así.

ENRIQUE. ¡Me lo figuro!

---

3. **por las trazas**   by the looks (of it)
4. City in northern France.
5. volume

6. **Guerra de las Galias**   War of the Gauls (*Commentaries on the Gallic Wars*, by Julius Caesar).

SIMON. Bueno. Deséame suerte.

ENRIQUE. Suerte.

(*Simón habla mientras se acerca despacio pegado al foro, hacia el ventanal.*)

SIMON. Si se le hubiera ocurrido a mi hermano Bernabé po-   5
nerme[7] un telegrama urgente, y lo trajeran ahora...

ENRIQUE. ¡O viniera un técnico[8] a explicarnos el recibo[9] de la luz!

SIMON. ¡Qué cerquita estoy ya!

ENRIQUE. No te olvides que estoy solo y sin subsistencias.[10]

(*Simón queda inmóvil.*)   10

SIMON. ¡Enrique! ¡Enrique! (*Excitado.*) ¡El cojín!

ENRIQUE. ¿Lo han matado?

SIMON. (*Avanzando hacia él muy excitado.*) ¡El cojín que fal-
taba! ¡Enrique! Todo casa[11] estupendamente. ¡Ahí está!

ENRIQUE. ¿Quién?   15

SIMON. La solución. Clarísimo... ¡Oh, Enrique, Dios te bendiga!
(*Le besa en la frente.*) Sin subsistencias. ¡Cantado,[12] Enrique,
cantado! Eso fue lo que Margarita dijo.

ENRIQUE. ¿El qué?

SIMON. "Hoy no encargué pedido. No he encargado nada."   20

ENRIQUE. Sí. Lo recuerdo.

SIMON. Y si no encargó pedido, que es lo lógico puesto que[13] se
marchaba de veraneo y nosotros íbamos a cenar en un restaurante, tampoco encargó leche. ¿Qué diablos pintaba[14] la botella en la puerta?   25

ENRIQUE. ¡El asesino!

SIMON. Ningún asesino. Simplemente, cogí la botella destinada al
piso de al lado. La que el lechero[15] dejó, como de costumbre,
entre las dos puertas. Y yo no caí que esta noche no debía
haber dos, sino una—la que había—para los vecinos.   30

ENRIQUE. Pero...

SIMON. ¡Calla, imbécil! ¡Mira qué talento tengo! Era lógico que

7. to send me
8. technician
9. receipt
10. sustenance
11. matches

12. Very clear
13. **puesto que**   since
14. signified
15. milkman

yo cogiese la botella, porque, inconscientemente, supuse que era
la mía, que los vecinos habrían recogido ya la suya y porque no
sabía que Margarita había dicho que no subieran nada.

ENRIQUE. Digo...

5   SIMON. Observa qué inteligencia la mía. (*Por el ventanal, desde
       la terracita de al lado, ha entrado lentamente Julio. Lleva una
       pistola en la mano. Simón no le ve, pero sí Enrique, que se
       queda rígido y aterrado.*) Punto[16] falso de todo el asunto.
       Margarita no podía intentar envenenarme. Me sería practi-
10   cada[17] la autopsia. Se hallaría el veneno. ¡No! ¡Eso es ab-
       surdo! ¿A quién envenenarías tú para quedar impune? ¿A
       una persona sana? ¡No! ¡No! A un enfermo. Administra un
       veneno especial que no produzca sino un colapso, precisa-
       mente a un enfermo del corazón, a alguien ... que va a morir
15   de un día a otro,[18] sentenciado por los médicos. ¿Qué certi-
       ficarán? Colapso, como estaba previsto.[19] Trajecito de ma-
       dera.[20] Y a cobrar una herencia.

ENRIQUE. ¡Simón! ¡Simoncete!

SIMON. Y ahí está en el suelo[21] la herencia. Porque me juego la
20   cabeza a que esa vieja es la tía de Noemí, de la verdadera y
       única asesina.

ENRIQUE. ¡Atiende, orador, que nos escabechan![22]

SIMON. Como una cadena, una magnífica cadena, ha surgido todo.
       ¡Estúpido de mí! No hubo pedido y no podía haber veneno
25   para un hombre sano.

ENRIQUE. ¡Media vuelta!

SIMON. Un poco de tiempo y te diré uno a uno[23] todos los puntos
       de este terrible asunto.

JULIO. Si tiene alguna duda, consúlteme con entera libertad.

30   SIMON. (*Muy excitado, sin caer en la cuenta.[24]*) Apaga la radio,
       Enrique, y atiéndeme.
       (*Julio le apoya el cañón[25] en la espalda a Simón. Sorprendido,
       alza las manos.*)

16. Clue
17. made
18. **de un día a otro**   from one day
    to the next
19. foreseen
20. **Trajecito de madera.**   Little

wood coffin.
21. **está en el suelo**   is ruined
22. they are killing
23. **uno a uno**   one by one
24. **caer en la cuenta**   catching on
25. barrel

JULIO. No se mueva. Se lo suplico. Y usted alce las manos, si no es molestia, por favor.

(*Simón y Enrique con las manos en alto.*[26])

SIMON. Lo pide usted con tanta cortesía...

JULIO. Claro que sí.[27] ¿Para qué malos modos? Contra la pared, amigos míos. (*Simon y Enrique tienen que pegarse contra la pared de espaldas a él. Julio encuentra el cadáver de la vieja al abrir la puerta del ropero.*) Debí pensar que se había escondido aquí. Pero ustedes no me dieron tiempo a buscarla con más detenimiento.

ENRIQUE. (*Tembloroso.*) Tómese ahora todo el que guste.

SIMON. ¿Me deja hacerle una pregunta?

JULIO. Claro, claro. Las que quiera.

SIMON. Usted envenenó la leche en la propia escalera.

JULIO. Blanco.

SIMON. Esperó la subida[28] del lechero, oculto en el piso de arriba. Cuando éste depositó la botella y bajó, usted descendió, colocó el veneno, llamó[29] al timbre y desapareció hacia la calle.

JULIO. Blanco otra vez. Premio para el señor.

SIMON. Y por una desgraciada casualidad yo abrí la puerta segundos antes de que su novia acudiera a la llamada. Y me llevé la botella.

JULIO. Un puro para el caballero.

ENRIQUE. ¿Te lo enciendo?

SIMON. ¿Por qué todo eso?

JULIO. Porque la vieja no terminaba de morirse. Estaba predisponiendo[30] a Noemí en contra mía,[31] y si no había boda, yo no disfrutaba de sesenta millones ochocientos veinte mil trescientos doce francos, con sesenta y cinco céntimos. Cada minuto que pasaba era un round que la vieja se apuntaba.[32]

SIMON. Y usted provocó el K. O. técnico.[33]

JULIO. Uno, en su modestia, lo había preparado todo perfectamente.

---

26. **en alto**   up
27. **Claro que sí.**   Of course.
28. **coming up**
29. **rang**
30. **predisposing**
31. **en contra mía**   against me
32. **se apuntaba**   was winning
33. **K. O. técnico**   technical knockout

SIMON. A nadie extrañaría un colapso.

JULIO. A nadie.

SIMON. Usted no estaría en la casa cuando ella muriese.

JULIO. Exacto.

5 SIMON. Los alimentos que la vieja había injerido[34] eran normales.

JULIO. Normales.

SIMON. Pero existía un peligro. Que Noemí bebiese de esa leche. Un peligro que usted había reducido al uno por ciento de probabilidades.

10 JULIO. Conectó[35] lo de la dieta, ¿eh?

SIMON. Sí. Dieta para el hígado. Absolutamente prohibidos los huevos, los licores, el chocolate y ... la leche.

JULIO. Elija el caballero.

ENRIQUE. Elige un autogiro.

15 SIMON. Por eso cuando entró aquí con su novia y vio la botella de leche, luego cuando descubrió el cadáver de Dupont en la terraza...

JULIO. Comprendí adonde había ido a parar[36] la cicuta. Y comprendí que su estupidez lo había estropeado todo.

20 SIMON. Saltó desde la terracita y se llevó la botella.

JULIO. Sí.

SIMON. Luego planteó[37] el problema a Noemí.

JULIO. Claro.

SIMON. Y la vieja lo oyó.

25 JULIO. Las viejas lo oyen todo. Ya lo sabe usted.

SIMON. La pobre mujer se fugó[38] de la casa, cruzó a ésta por la terraza en demanda de[39] auxilio, precisamente,[40] cuando nosotros estábamos en la prefectura.

JULIO. Y entonces...

30 SIMON. No. No me lo diga, que si no, no me divierto.

JULIO. Como guste.

SIMON. Al advertir su falta,[41] usted le siguió los pasos. Ella se había metido en el ropero.

34. eaten	38. **se fugó** fled
35. She agreed to	39. **en demanda de** looking for
36. to end up	40. **just at the moment**
37. you outlined	41. absence

JULIO. Sí. Busqué como un idiota en todas partes, menos ahí.

SIMON. Nosotros volvimos en ese momento. Usted tuvo que esconderse.

ENRIQUE. En el ropero, claro.

SIMON. ¡Cállate! 5

ENRIQUE. Chico, lo quieres decir tú todo.

JULIO. Capón a contrapelo[42] para el caballero tembloroso. No fue en el ropero.

SIMON. Lo ves cómo debías callarte.

JULIO. Fue en el dormitorio. 10

ENRIQUE. Como aquí todo lo que sale, sale del ropero.

JULIO. Fue en el dormitorio. Salí mientras se encontraban en la cocina.

SIMON. Y pensó: la vieja está en esa casa. Viva, seguramente. Hablará. En consecuencia,[43] estos dos caballeros no deben co- 15 municarse con nadie. Rotura[44] de teléfono y cerrojazo[45] de puerta.

JULIO. Baje[46] usted los brazos y vuélvase. Se lo ha ganado. Es usted cerebro de primera clase.

SIMON. Gracias. 20

JULIO. Es justicia.

SIMON. Exagera usted.

JULIO. No, de verdad. Mi enhorabuena.[47]

SIMON. Muy agradecido.

ENRIQUE. (*Aprovechando la extrañamente cordial atmósfera.*) 25
¿Y si nos tomamos unas copas y pelillos a la mar?[48]

JULIO. Estése quieto. (*Señala al ropero.*) Ahí la tiene usted, señor Aldebert. Auténticamente muerta de un auténtico colapso al corazón.

SIMON. El miedo. 30

ENRIQUE. Sobre ese tema[49] puedo dar una conferencia.[50]

---

42. **Capón a contrapelo** A rap with the knuckles on his head, pulling his hair (i.e., because he was wrong)
43. **En consecuencia** As a consequence
44. Cutting
45. slamming the bolt
46. Lower
47. congratulations
48. **pelillos a la mar** bury the hatchet
49. subject
50. lecture

JULIO. Ahora. Cuando todo se ha complicado lamentablemente. Señor Aldebert, siento mucho tener que comunicarle mis últimos proyectos.

SIMON. (*Entusiasmado.*) ¿Se los digo yo?

5 JULIO. ¡A ver si los acierta!

SIMON. Yo soy el asesino. Envenené a Dupont. Desesperado porque mi amigo me ha descubierto, lo liquido de un tiro y me arrojo por el balcón. Usted se lleva a la vieja y dice simplemente que ha muerto de un colapso en su camita.

10 JULIO. ¡Sobresaliente![51]

ENRIQUE. ¡Sobrecuerno![52] Simón.

JULIO. Estése quieto.

SIMON. Venga, Enrique, estáte quieto y no molestes.

JULIO. Un pero. Sin importancia. No es un tiro. Usted no tiene

15 pistola. Es un golpe en la cabeza. Con una botella de champagne.

ENRIQUE. (*Muy bajito.*) ¡Socorro!

SIMON. Y su novia...

JULIO. Ahora está atada un ratito. Luego... O el silencio y sesenta

20 millones, o encubridora y seis años. Lo siento, señor Aldebert. Empezamos cuando usted quiera.

SIMON. Sólo tengo una posibildad. Que mi mujer recuerde que no hizo pedido. Y el pobre Hilaro comience a ver claro.

JULIO. Dos cosas dificilísimas. (*Toma la botella de champagne.*)

25 ¿Prefiere usted ... o le mato yo mismo?

ENRIQUE. ¿Que me mate mi amigo?

SIMON. Sin dramas, Enrique. Ha llegado el momento de morir. Se acabó[53] la lucha, se acabaron las colas.[54] Se acabó el impuesto sobre la renta. ¡Fuerza! ¡Valor!

30 ENRIQUE. (*Desesperado.*) Eso. El pecho fuera... Los dientes dentro... La cabeza en el brazo.

JULIO. No le molestaría darse un poco de prisa, señor Aldebert. Tengo mucho que hacer. Ahí, en el cerviguillo,[55] ni se da cuenta.

51. Excellent!
52. Exceedingly unfaithful!
53. Se acabó   No more
54. lines (of people)
55. thick nape of the neck

SIMON. (*Señalando.*) ¿Aquí?

JULIO. Exactamente.

SIMON. ¿Más arriba, no?

JULIO. Sin perder tiempo, señor Aldebert. O me encargo yo.

SIMON. De acuerdo. (*Le levanta la chaqueta.*) Ahuécate[56] la cha-   5
queta, Enrique.

(*Alza la botella. Y la puerta del foro se abre para dar paso a*[57]
Cerveille, André, Margarita y Brigette.)

CERVEILLE. (*A Julio.*) Dame el sacapuntas,[58] guapo. André, póntelo de paraguas.[59]   10

(*Le arrebata la pistola.*)

MARGARITA. (*Abrazándose a Simón.*) ¡Simón! ¡Simón de mi vida!
¡Me acordé, Simón, me acordé!

SIMON. El pedido, ¿verdad?

MARGARITA. ¿Qué pedido?   15

SIMON. El de la tienda y la lechería.[60] Hoy no lo hiciste.

MARGARITA. Es verdad. ¡Qué tonta! No, no era eso.

SIMON. (*Fastidiado.*) ¿De qué era entonces?

MARGARITA. De que cuando se llevaron a Dupont y esta habitación
quedó sola un par de minutos, vi entrar a este gamberro[61] y   20
llevarse la botella de leche.

SIMON. Y no te extrañó, claro.

MARGARITA. No sé. Pensé que la necesitaría para poner perejil.[62]
Como pasaban cosas tan raras...

BRIGETTE. (*A Enrique.*) Pero, Enrique ... ¿qué te pasa?   25

ENRIQUE. (*Casi desvaneciéndose.*[63]) No me he muerto, ¿verdad?

BRIGETTE. ¡Que yo sepa,[64] no!

ENRIQUE. ¡Menos mal!

(*Se abraza a ella. André ha esposado*[65] *a Julio, sin cesar, como es
su costumbre, de leer el periódico.*)   30

SIMON. En el ropero tiene usted otro inquilino,[66] Inspector.

---

56. Loosen
57. dar paso a   to clear the way for
58. pencil sharpener (*slang for* weapon)
59. póntelo de paraguas   put handcuffs on him
60. dairy
61. roughneck
62. parsley
63. fainting
64. Que yo sepa   As far as I know
65. handcuffed
66. tenant

CERVEILLE. ¿Otro?

SIMON. La tía de Noemí.

CERVEILLE. ¡Vaya lío! Duerman un rato. (*A Simón.*) A las diez en la prefectura. Y me explica usted todo, a ver si me entero de
5   por qué detengo a este señor.

SIMON. Descuide.

CERVEILLE. (*Confidencial.*) Del planete de verano no he dicho ni una palabra.

SIMON. Gracias.

10   CERVEILLE. Uno, como policía, no es nada, pero como caballero...

ANDRE. (*De pronto.*) ¡Esta sí que es buena,[67] jefe! Mire lo que dice el periódico.

CERVEILLE. ¿Qué dice?

ANDRE. "Se han encontrado los esqueletos[68] de dos niñas enterra-
15   das en las cercanías[69] del puente del río Bord. Se cree que pudieran ser dos testigos anulados[70] en el caso Drummond." ¿Y qué dirá usted que enterraron con ellas?

CERVEILLE. (*Hecho cisco.*) [71] Un cubo y una pala.

ANDRE. ¿Cómo lo sabía?

20   CERVEILLE. Porque soy Inspector, precioso. (*A Simón.*) A ésas se las cargo a usted.[72]

SIMON. Puede ser.

CERVEILLE. Anda, vete delante. Y di que me preparen un café bien cargado.[73] A ver si me despejo.[74]

25   (*Mutis de Cerveille, Julio y André por el foro, dejando la puerta abierta.*)

MARGARITA. ¿Pudiste creer que yo por cobrar ese seguro...?

SIMON. ¡Mujer...!

MARGARITA. ¡Qué tontería! Y te habrías muerto tú por las bue-
30   nas,[75] ¿verdad, Brigette?

BRIGETTE. Es lo que yo le decía al Inspector. (*Enrique se deja caer en un sillón.*) ¿Pero qué te pasa?

---

67. **Esta sí que es buena**   This is indeed a fine state of affairs
68. skeletons
69. vicinity
70. done away with
71. **Hecho cisco.**   Raging.
72. se las cargo a usted   I entrust them to you
73. strong
74. **me despejo**   I clear up my mind
75. **por las buenas**   willingly

MARGARITA. ¿Qué quieres que les pase? Que impresiona[76] mucho
que lo quieran matar a uno. Lo que necesitan ahora es descanso. (*Sienta a Simón en el sofá.*) Y cariño, mucho cariño.
SIMON. Gracias, mi vida.
MARGARITA. Y ni un disgusto, todo cariño y todo miel a nuestro   5
lado, para que olvidéis esta noche terrible.
BRIGETTE. Que, gracias a Dios, ha terminado.
MARGARITA. Vais a ver qué bien lo pasamos los cuatro. Qué felices
vamos a ser y cuánto te va a querer tu nenita. (*En el foro han
aparecido Dos Mujeres de aspecto desgarrado,*[77] *vestidas muy*   10
"a la ligera".[78] *Una de ellas trae al brazo una guitarra.*) Ni una
emoción ni un disgusto, ¿verdad, cielo mío?
SIMON. Ni uno, mi vida.
(*Las mujeres entran en la casa. "Ramona, como una dulce aparición" se deja oír dulcemente.*[79] *Margarita arrulla*[80] *a Simón. Y las*   15
dos mujeres van entrando, mientras cae el

Telón

Exercises

I. *Answer the following questions in Spanish:*
    1. ¿Qué ha decidido Simón acerca de las muertes?
    2. ¿Dónde puede estar el criminal?
    3. ¿Qué tratará de hacer Simón?
    4. ¿Encargó pedido Margarita ese día?
    5. Explique lo de la botella de leche.
    6. ¿Daría Margarita un veneno a una persona sana?
    7. ¿Quién entró, y qué pidió?
    8. ¿Qué pregunta quería hacer Simón a Julio?
    9. ¿Por qué quería matar Julio a la tía de Noemí?

76. impresses
77. shameless
78. **a la ligera**   scantily
79. softly
80. sings to sleep

10. ¿Por qué no bebió la leche Noemí?

11. ¿Sabía Julio quién había tomado la cicuta?

12. ¿Cuándo entró Julio en casa de Simón?

13. ¿De qué murió la tía?

14. ¿Qué piensa Simón que Julio hará y dirá acerca de Dupont y de la tía?

15. ¿Dónde está Noemí?

16. ¿Qué posibilidad tiene Simón?

17. ¿Qué debe hacer Simón a Enrique?

18. ¿Qué recordó Margarita?

19. ¿Qué habría hecho Brigette por Enrique?

20. ¿Qué necesita ahora Simón?

21. ¿Quiénes han aparecido en el foro?

II. *General questions for discussion:*

1. Describa a Margarita.

2. ¿Es realista la manera de desarrollar el argumento?

3. ¿Dónde está el clímax?

4. ¿Simpatiza usted con las dificultades de Simón y de Enrique?

5. Discuta el vocabulario contemporáneo que aprendió usted por leer este drama.

6. ¿Cuánto tiempo pasa entre el principio hasta el fin?

7. ¿Cuántos decorados hay? Describa usted el decorado.

8. ¿Le gusta leer este tipo de drama policíaco?

Vocabulary

Articles, demonstrative and possessive adjectives, most pronouns, adverbs ending in **mente** when the corresponding adjectives are listed, and exact cognates have been omitted.

Verbs are listed under the infinitive. In translating, the word *to* has been omitted. Regular and common past participles have not been listed unless they are used as adjectives and have different meanings.

Nouns ending in **o** are masculine and those ending in **a, dad, ión, tad, tud,** and **umbre** are feminine unless otherwise indicated.

Adjectives are listed under the masculine form. Diminutive and augmentative forms are included if the words from which they are derived do not appear in the text, or if they have meanings different from the words from which they are derived. All **ísimo** forms are omitted when the original words are listed. Adjectives as well as nouns to which **a** is added to form the feminine are indicated by (**a**) after the masculine form—**hablador(a)**. When the written accent is dropped, the feminine form is spelled out—**francés (francesa)**.

Idioms are listed under the noun or, if there is no noun, under the main word.

The following abbreviations are used:

adj.	adjective	*lit.*	literal
adv.	adverb	*m.*	masculine
f.	feminine	*n.*	noun
fig.	figurative	*pl.*	plural
inf.	infinitive	*p. p.*	past participle

A

a   to, at, in, on, from; **al** + *inf.*
  in, on, with; — li uni — li (dos)
  a one, a two; — **que**   I bet;
  ¿— **qué vienen esos?**   what
  have those to do with the case?
abajo   below
abandonar   abandon
abatir   discourage
abrazar(se)   embrace
abrazo   embrace
abrelatas *m.*   can opener
abrigar   cherish; wrap up
abrir   open
absoluto   absolute
absurdo   absurd
aburrimiento   boredom
aburrirse   get bored
acá   here
acabar   end, finish; — **con**
  put an end to; — **de** + *inf.*
  have just; **se acabó**   no more;
  se le habrán acabado   you
  must have run out of them
acaso   perhaps
acatarrado: estar —   have
  caught cold
acatarrar   catch cold
acceso   access
accidente *m.*   accident
acción   action
accionar   work, turn
acera   sidewalk
acerca de   about
acercarse a   approach
acertar   guess right
acompañar   accompany
acordarse (de)   remember
acostarse   go to bed
actitud   attitude
acto   act
actual   present
actualidad: ser de —   be of
  importance at the moment

acudir   run, come
acuerdo   agreement; **de** —   in
  agreement, agreed; **ponerse**
  de —   be in agreement
acusar   accuse
adelante   forward
además   besides, moreover
adiós   good-by
administración   administration
administrar   administer
admitir   admit
adonde   where
advertir   notice; warn
afecto   affection
afeitar   shave; — **en seco**
  cut one's throat
aflojar   loosen
afuera   outside; –s *f. pl.*
  outskirts
agarrar   seize
agente *m.*   agent
agitadísimo   very agitated
agitar   agitate
agradecido   grateful
agua (el) *f.*   water
aguantar   endure, tolerate
aguardar   wait
ahí   there; **por** —   over there,
  around there
ahogar(se)   choke; stifle
ahora   now; — **mismo**   right
  now; **de** — **en adelante**
  from now on
ahorrar   save
ahorro   saving
ahuecar   loosen; fluff up
aire *m.*   air
ajo   shady business
albornoz *m.*   bathrobe
alcoba   bedroom
alegrar   gladden; –se   be glad
alegre   cheerful, gay
alegría   joy
Alejo   Alexis
algo   something

alguien someone, somebody
algún (alguno) some, any;
  –s a few
alimento food
almendra almond
almohada pillow
alojamiento lodging
alquilar rent
alrededor around; **–es** *m. pl.*
  surroundings
alto tall, high; **en —** up
alusión allusion
alzar raise
allá there
allí there
Allons enfants *from French
  national anthem* Let us go,
  children
amante *m. & f.* lover
amar love
Amberes *f.* Antwerp, city in
  northern Belgium
ambiente *m.* atmosphere
ambos both
amenazador(a) threatening
amenazar (con) threaten (to)
americana suit coat
amiga friend
amigo friend
amor *m.* love
amparar protect
amplio ample, roomy
amueblar furnish
anciano old
¡anda! go ahead!
andando (get) going
andar go, walk; be; **¿Cómo
  andamos de ... ?** How are
  we for . . . ?
André *French* Andrew
anhelante panting
animado lively
animar animate; **–se** cheer up
ánimo mind; courage
ante before

antepasado before last
anterior preceding
antes before; **— de** before
antipático antipathetic
anular remove, do away with
año year
apagar put out, turn off
aparato apparatus; telephone
aparecer appear
aparición apparition;
  appearance
aparte aside
apendicitis *f.* appendicitis
apetito appetite
aplaudir applaud
apoyar lean; **–se (en)** lean (on)
apoyo support
aprender learn
apresuradamente hastily
apretar squeeze, clench
aprobar approve
aprovechar take advantage of
apuntar note down, write
  down; **–se** win; **–se en** join
apuñalar punch
aquí here; **por —** around here
árabe Arabic
arco arch
arena sand
argumento plot
armadura frame
armar start (*a commotion, a
  row*); prepare; **— tal lío** stir
  up such trouble
armario closet
arrancar tear; start (out);
  pull out
arrastrar drag
¡arrea! do tell!
arrebatar snatch
arreglar arrange
arriba above; upstairs
arrinconarse get into a corner
arrivederci *Italian* good-by
arrojar throw

arroyo gutter
arruinar ruin
arrullar sing to sleep
asa (el) *f.* handle
asegurar assure
asentir assent
asesinar assassinate
asesinato assassination
asesino assassin, murderer
asfixiar asphyxiate
así thus, so, like that; — **que**
   as soon as
asiento seat
asignatura course
asomarse peer out, look out
asombrar astonish
aspecto aspect, appearance
aspirar inhale
aspirina aspirin
asqueroso disgusting
asunto matter, affair
asustar frighten
ataque *m.* attack
atar tie (up)
atender pay attention (to),
   attend
atento attentive
aterrar terrify
aterrizar land
atildamiento neatness
atmósfera atmosphere
atónito amazed
atrabiliario hypochondriac
atreverse dare
atufar irritate
aturdido bewildered
aturrullarse become bewildered
aun still, even
aún still, yet
aunque although, even though
auricular *m.* receiver
ausencia absence
auténtico authentic, real
autocrítica criticism of a work
   by its author

automáticamente
   automatically
autopsia autopsy
auxilio aid
avanzar advance
avaro *n.* miser; miserly
ávidamente greedily, avidly
avisar advise
aviso notice; **nuevo —**
   further notice
¡ay! ow!, oh!
ayudar help

B

bachillerato bachelor's degree,
   given at the completion of
   high school study
bailar dance
baile *m.* dance
bajar go down, come down;
   take down, bring down, lower
bajini: por lo — in a very
   low voice
bajo low, lower; under
balancearse balance, swing,
   sway
balbucear stammer
balcón *m.* balcony
bambolearse sway
bandeja tray
baño bathroom; bath
barato cheap
barbaridad huge amount
bárbaro barbarous
barbilla tip of the chin
barra bar; — **de los labios**
   lipstick
barranco ravine
barrer sweep
barrio (city) district
barrote *m.* bar
base *f.* basis
bastante enough, sufficient(ly);
   rather

bastar be enough
basura rubbish
batería footlights
baúl *m.* trunk
beber drink; **–se** drink up
bebida drink
bendecir bless
Benito Benedict
Bernabé Barnaby
besar kiss
beso kiss
bicarbonato bicarbonate
bien well; fine; very; **— que** although; **está —** all right; that's enough; **lo —** how well; *m.* good; *pl.* goods (*property*)
bígaro sea snail
billete *m.* bill
blanco *n.* target; white
block *m.* pad of paper
bobada foolishness
bocanada puff; **lanzar un par de –s** blow a couple of puffs
boda wedding
bolero bolero, short jacket
bolsillo pocket
bolso purse
bollo roll
bondad goodness; **tener la — (de)** please
bonito pretty; neat
botella bottle
brazo arm; **del —** arm in arm
brillantemente brilliantly
británico British
broma joke; **tomado a —** taken as a joke
bronca row
bruto stupid
buen(o) good, well; **¡ésta es buena!** this is a fine state of affairs!; **por las buenas** willingly

bulto form
burbujita little bubble
burdo coarse
burlón (burlona) mocking
burrada stupidity
burro burro, donkey
buscar look for
butaca armchair

C

caballero gentleman
caber be room for; **cabe** there is room for
cabeza head
cable *m.* cable, cord
cada each, every; **— cual** each one
cadena chain
caer fall; catch on; **–le** be to him
café *m.* coffee
cafiaspirina coffee-flavored aspirin
caída fall; **la primera —** the first fall (from grace)
cajita little box
calma calm; **tener —** be calm
calor *m.* warmth, heat; **hacer —** be warm; **tener —** be warm
caluroso warm, hot
calzar put a wedge under
callado silent
callar(se) be silent, keep still
calle *f.* street
cama bed
camarero waiter
cambiar change; exchange
camelo flirtation, joke
camino road, way; **— del** on the way to
campo country, field
cana: echar una — al aire go on a spree
canción song

cansarse   get tired
cantar   sing; confess; **cantado**
   very clear
canturrear   hum
cañón *m.*   barrel
capaz   capable, able
capón *m.*   rap with the knuckles
   on the head
cara   face; **no poner esa —**
   not to make that face
característica   characteristic
¡caramba!   confound it!
carcajada   burst of laughter
cárcel *f.*   jail
cargado   strong
cargar   load; carry; entrust;
   — con   carry away; **Yo —**
   con muertos de nadie. I
   (should) take the blame for
   no one.
cariño   dear; affection;
   tomarle —   become fond of
   one
caro   expensive
carrera   career; courses
carta   letter
cartelito   little poster
cartera   wallet
casa   house, home; **en —**   at
   home; **a —**   (to) home
casar   marry; match; **–se**   get
   married
casco   empty bottle
casi   almost, nearly
caso   case; affair; point;
   hacer — a   pay attention to
castañera   chestnut vendor
castaño   chestnut-colored
casualidad   chance
catástrofe *f.*   catastrophe
cavar   dig
ceder   yield
celda   cell
celos *pl.*   jealousy
cena   supper

cenar   eat supper
centímetro   centimeter
   (*.3937 inches*)
céntimo   centime (*one
   hundredth part of a franc*)
centro   center
cepillarse   brush oneself; **te me**
   cepillo   I brush you off
cerca   nearby, close; **— de**   near
cercanías *pl.*   vicinity
cercano   near
cerebro   brain
cerillera   matchbox
cerrar   close
cerrojazo   slamming the bolt
certificar   certify
cerviguillo   thick nape of the neck
cesar   cease
cicuta   poison hemlock
cielo   heaven; dear
cien(to)   one hundred; **por —**
   percent
cierto   a certain, certain; **por —**
   certainly; **es —**   it is true
cigarrillo   cigarette
cigarro   cigar; **— puro**   cigar
cinco   five
cincuenta   fifty
cine *m.*   movies
circunstancia   circumstance
cisco: hecho —   raging
citar   summon; make an
   appointment with
ciudad   city
ciudadano   citizen
claro   clear(ly); **¡—!**   of
   course!; **¡— que sí!**   of course!;
   a las claras   openly
clase *f.*   class; kind
clásico   classic
claxon *m.*   horn
clínica   clinic
coartada   alibi
cobrar   collect
cocina   kitchen

cocinero cook
coche *m.* car
cochino *n.* pig, dirty one; dirty
codo elbow
coger catch, get, seize, grab,
  take
cohete *m.* skyrocket
cojín *m.* cushion
cola line (*of people*)
colapso collapse
colarse slip through
colgar hang, hang up
colocar put, place
combinación underwear;
  combination
comedia comedy
comedor *m.* dining room
comenzar begin
comer eat, eat dinner
cometer commit
cómico comical
comisaría police station
comisario commissioner of
  police
comm'il faut *French* suitable
como as, like; as soon as;
  — que because
¿cómo? how?, what?; however;
  ¿— es? what is he like?
cómodo comfortable
compañía company
compinche *m. & f.* pal
completo complete
complicar complicate
comprar buy
comprender understand
comprensión comprehension;
  understanding
comprobar verify; notice
compuesto composed, formed
comunicar(se) communicate
con with; — que provided that
concebir conceive (of)
conde *m.* count
condenar condemn

condición condition
conducir drive
conducta conduct
conectar connect; agree to
conferencia lecture
confianza confidence
confiar trust
confidencial confidential
confortable comfortable
confundir confuse
conjurarse conspire, plot
conmigo with me
conmocionado moved
conocer know, be acquainted
  with; meet
conocimiento consciousness;
  poner en su — inform one;
  sin — unconscious
consecuencia consequence;
  a — de as a consequence of;
  en — as a consequence
conseguir manage
consejo council
consentir consent; spoil
conservas *pl.* canned goods
consigna checkroom
consistir (en) consist (of)
constar be clear
constipar constipate
construir construct
consultar consult
consumir consume
contar tell; — con count on
contemplar contemplate
contemporáneo contemporary
contener contain
contento satisfied, contented
contestar answer
contiguo contiguous
continuación: a — right after
continuar continue
contra against; en — against;
  en — mía against me
contrapelo: a — pulling (of)
  the hair

contrario contrary
convencer convince
conversación conversation
conyugal conjugal
coñac *m.* cognac
copa glass, goblet; treetop
corazón *m.* heart
corbata necktie
cordero lamb
corregir correct
correr run
corrido continuous; unbroken
cortar cut, cut off
cortesía courtesy
cortina curtain
corto short
cosa thing; **otra —** something
  else
cosquillas *pl.*: **hacerle a uno —**
  stir up someone's curiosity
costado side
costar cost; **cueste lo que**
  cueste cost what it may
costumbre custom; **de —**
  usual, usually
creer(se) believe
cremallera zipper; **subir la —**
  zip the zipper
cretino idiot
criado servant
crimen *m.* crime
cristalería glassware
cristiano Christian
cruzar cross; **-se** be
  accumulated
cuadro scene; picture
cual which, which one
¿cuál? which?; which one?;
  what?
cualquier(a) any; anyone
cuando when
cuanto as much as; all that;
  — antes as soon as possible;
  en — as soon as; **— menos**
  os oigan, mejor the less
  they hear you, the better

¿cuánto? how much?; **¿—s?**
  how many?
cuarto room
cuatro *n.* four (door car); four
cubo bucket
cuello neck; collar
cuenta account; **darse — (de)**
  realize; **caer en la —** catch on
cuento story
cuerda string; **— floja**
  acrobat's rope
cuerno devil
cuerpo body; **— (de policía)**
  (police) force
cuestión question
cuidado care; **¡(tener) — (con)!**
  (be) careful (of)!
cuidar take care of
culpa blame; **tener la — (de)**
  be to blame (for)
culpable guilty
cumplir reach the age of

CH

chantaje *m.* blackmail;
  hacerle — blackmail one
chantajista *m. & f.* blackmailer
chaqueta jacket
charlatanería verbosity
chata honey, cutie
chica little girl, youngster
chico small boy, youngster;
  young fellow
chiquillo child
chiquitito tiny
¡chist! hush!

D

dádiva gift
daga dagger; **— veneciana**
  small, elegant dagger
dama lady
dar give; strike; ring; **— a**
  face; **— por** consider as;
  le da a uno no sé qué it

gives one a strange feeling;
–sele bien turn out well for
one
de of, from, away from, for,
with, as, in, by, about,
concerning, then; than
debajo de under, underneath
deber ought, should, must,
must have; owe
débil weak
decente decent
decidido determined
decidir decide
decir say, tell; **es —** that is
to say
decisión: tomar una — get a
court judgment
decisivo decisive
declaración declaration
declarar declare
decorado decoration; scenery
decorar decorate
dedo finger
deducir deduce
definitivo definitive, definite
degollar murder
dejar leave; let, allow; put back;
— de stop, cease; fail;
déjalo let him go; **déjelo**
never mind; **–se** leave behind;
–se caer drop
delante before, ahead, first,
in front; present; **— de** in
front of; **por —** before
delicioso delightful
demanda: en — de looking for
demás rest
demasiado too, too much
demonio devil, demon
demostrar show, demonstrate
denodadamente resolutely
denso dark
dentro inside, within; **— de**
inside of
denunciar denounce, give
information on

departamento apartment
depender depend
depositar deposit
depósito morgue
deprimidísimo very depressed
derechito very straight
derecho right; straight; *n. m.*
right; justice; **derecha** *n. f.*
right (hand)
desagradable disagreeable,
unpleasant
desaparecer disappear
desaparición disappearence
desarrollar develop
descansar rest
descansillo landing (*of stairs*)
descanso rest
descender descend
descolgar take down
desconcertar disconcert
desconectar disconnect
desconocido unknown
descorchar uncork
describir describe
descubrir discover
descuidar not to worry
desde from; **— luego** of
course; **— que** since
desear want, desire; wish
desencajado looking bad
desengañar disillusion; **–se**
become disillusioned
desesperado desperate, hopeless
desestimar hold in low regard;
reject
desgarrado shameless
desgracia misfortune; **para su —**
unfortunately for you
desgraciado unfortunate
desierto deserted
deslizar(se) slip, slide
desmayadamente dejectedly
despacio slow(ly)
despavorir be terrified
despejarse clear one's mind
despistar disorient

despiste *m.* disorientation
desplegar unfold
desplomarse collapse
después after, afterwards;
  — **de** after; — **que** after
destapar take the cover off,
  open
destinar destine
destino destiny
desvanecerse faint
desviar turn away
detallar tell in detail
detalle *m.* detail
detener stop, detain, arrest;
  –**se** stop
detenimiento thoroughness
determinar determine
detrás behind, in back; — **de**
  behind
devaneo flirtation
devolver return, give back
día *m.* day; **todos los** –**s**
  everyday; **de un** — **a otro**
  from one day to the next
diablo devil; ¡–**s!** the devil!
diálogo dialogue
dibujar draw; make
dictáfono dictaphone
diente *m.* tooth; **hablar entre**
  –**s** mumble
dieta diet
diez ten; — **de la noche**
  ten P.M.
diez y ocho eighteen
difícil difficult
dificultad difficulty
difunto deceased, dead
digesto digest
dinero money
dintel *m.* lintel
Dios *m.* God; ¡— **mío!** my
  goodness!; ¡**por** —! for
  heaven's sake!
dirección direction,
  management

directo direct
dirigir direct; –**se** go; –**se a**
  address
disco record
discreción discretion
disculpar excuse
discutir discuss; argue
disfrutar (de) enjoy
disgusto disgust, annoyance,
  displeasure
disimuladamente furtively
disolver dissolve
disparado in sudden flight,
  like a shot
disponer arrange; dispose;
  –**se a** get ready to
disposición disposition; **a su** —
  at your service
distancia distance
distinto different
distrito district
divertirse have a good time
divisar perceive
doblado bent, folded
doblaje *m.*: **hermano de** —
  false brother; half lover
doblar fold, bend
doblez *m.* fold
doce twelve
doler ache, pain
domingo Sunday
don title used before Christian
  names of men
donde where
¿dónde? where?
doña title used before Christian
  names of women
dormido sleeping, asleep
dormir sleep
dormitorio dormitory, bedroom
dos two; **los** — both
dosis *f. (pl.* **dosis)** dose
dramático dramatic
dramatismo dramatic effect
duda doubt

dudar doubt; — **en** + *inf.* hesitate
dulce sweet; soft
duodeno duodenum (*first part of small intestine*)
durante during
duro *n.* five pesetas (approximately fifty francs); hard

E

e and
¡ea! hey!, oh!, well
echar throw, throw out; pour; impose; — **a** start to
edad age
efecto effect; **en** — as a matter of fact
egoísta egoistic
ejemplo example; **por** — for example
elegir choose
embargo: sin — nevertheless
emoción emotion
empalidecido grown pale
empellón *m.* shove
empeñarse (en) insist (on)
empezar begin
empresa company
empujar push
en in, on, into, of, at
encabezamiento heading
encajar fit (into)
encanto charm; (I am) charmed; dear
encarcelar jail
encargar order, request, ask for; **–se (de)** take charge (of)
encendedor *m.* lighter
encender light; — **la radio** turn on the radio
encerrar shut up, lock up
encima above, over; — **de** on top of; **por** — **de** above

encoger discourage
encontrar find; **–se** be
encubridor(a) accessory, accessory after the fact
endulzar sweeten
enfadarse get angry
enfermo sick
enfocar focus
enfoque *m.* focusing
enfriar chill
enfurecer enrage
enfurruñarse be sulky
engañar deceive
enhorabuena congratulations
enloquecer madden; **(estar) enloquecido** (be) out of one's mind
enrejado grating
Enrique Henry
enseñar show
entender understand
enterar inform; **–se de** find out
entero entire, complete
enterrar bury
entonces then, at that time
entrada entrance
entrar enter
entre between, among
entreabrir half-open
entregar hand over
entretener entertain
entusiasmarse be enthusiastic
envenenador(a) poisoner
envenenar poison
época epoch, period
equilibrar balance
equipaje *m.* baggage; **hacer el** — do the packing
equipo team
equivocarse be mistaken
equívoco equivocal, dubious
erguir erect
escabechar kill
escalera(s) stairs, staircase
escanciar pour

escándalo scandal; **dar un —** cause a scandal
escaparate *m.* shop window
escena scene, stage
esconder hide
escribir write
escuchar listen, listen to, hear
esfuerzo effort
esmalte *m.* enamel
eso that; **¡— es!** that's right!, that's it!
espalda back; **de –s** with one's back (turned)
espantoso frightful
español(a) *n.* Spaniard; Spanish
especial special
especialidad specialty
especialista *m. & f.* specialist
específico patent medicine
espectador(a) spectator
esperanza hope
esperar hope; wait, wait for; expect
espía *m. & f.* spy
esposa wife
esposar handcuff
esposo husband
esqueleto skeleton
esquina corner
estación station
estado state
estallar burst
estampado cotton print
estancia stay
estante *m.* shelf
estar be; **— para** + *inf.* be about to; **— por** be in favor of; **ya está** that's it; now it is ready; **–se** keep, stay
estentóreo stentorian, extremely loud
estilo style
estilográfica fountain pen
estómago stomach

estrangular strangle
estropear ruin
estudiar study
estupefacto stupefied
estupendo stupendous, wonderful
estupidez *f.* stupidity
estúpido stupid
estupor *m.* stupor; amazement
europeo European
evaporar evaporate
evidente evident
evitar avoid
exacto exact(ly)
exagerar exaggerate
exaltarse become excited
excepción exception; **a — de** with the exception of
excitar excite
existir exist
explicación explanation
explicar explain
extrañadísimo very surprised
extrañar surprise; be surprised at
extrañeza surprise
extraño strange
extraordinario extraordinary

F

fábrica factory
fácilmente easily
facturar check (*baggage*), send
falso false
falta lack; absence; **hacer —** be needed, be necessary
faltar be lacking, be missing
familia family
familiar pertaining to the family
fantasma *m.* phantom
fastidiar annoy; sicken
fatigar fatigue
favor *m.*: **haga (hágame) el —** (**de**) please; **por —** please

fe *f.* faith
Federico Frederick
feísimo very ugly
feliz happy
felpudo mat
femenino feminine
féretro coffin
feria fair
fiarse (de) trust (in)
fiesta holiday, festival
figurarse imagine
fijamente fixedly
fijarse (en) notice; imagine
fin *m. & f.* end; en — in
  short; anyway; por —
  finally; al — finally
final *m.* end
fino fine
firmar sign
flúido fluid (electricity)
fondo background, back
forjar forge; forjado wrought
forma way
foro rear, back
forzar force
fosa grave
fósforo match
fox *m.* fox trot
francamente frankly, sincerely
francés (francesa) French
Francia France
franco franc (*French monetary
  unit. When the play was
  written, 485 francs equaled
  50 pesetas and $1.00.*)
frase *f.* phrase, sentence
freír fry
frenar restrain
frente *f.* forehead; llevarse
  la mano a la — put one's
  hand to one's forehead; *m.*
  front; — a facing
fresquito very fresh, very cool
frío cold; hacer — be cold;
  tener — be cold

frito (*p.p. of* freír) fried
frotar(se) rub; give
frustrar frustrate
fruta fruit
fuera outside, out; — de sí
  beside oneself
fuerte strong(ly); loud
fuerza strength
fugarse flee
fulminante sudden
fumar smoke
función function
funcionar work
furioso furious
fútbol *m.* soccer

G

gabardina tres telas all-weather
  gabardine coat made of three
  materials
gafas *pl.* glasses
Galia Gaul
gamberro roughneck
gana desire; darle a uno la —
  de feel like; le da la gana
  one feels like it
ganar gain, win; earn
gaseoso soda water
gastar waste; use; spend;
  –las behave
gemelo twin
generación generation
gerente *m.* manager
gesto gesture; expression
  (of the face)
golpe *m.* blow, knock; dar un —
  en strike; se da un golpe
  one is hit
golpear beat, hit
gordo big
gracia: hacerle a uno —
  strike someone as funny
gracias *pl.* thanks

gracioso funny; **hacerse el — ** play the part of the clown

gramófono gramophone

gramola phonograph

gran(de) big, large; great; **grande** *m.* "grand," 1,000 francs

granito small grain, bit

grave serious

greca Grecian fret, ornamental network

grillo cricket

gritar shout

grito shout

grosería rudeness

grueso heavy

guapo good-looking, handsome; gallant

guardar keep

guardesa guard's wife

guardia *m.* guard

guasearse joke, make fun

guateque *m.* party

guerra war

guía directory

guillotina guillotine

guisa: de tal — in such a way

guisar cook

guiso dish (*of food*)

guitarra guitar

gustar please; **le gusta** one likes

gusto taste; pleasure

H

haber have; **— de** + *inf.* be to, must

habilidad skill, ability

hábilmente cleverly, skillfully

habitación room

hablador(a) talkative

hablar speak, talk

hacer make, do; have; give; pretend to be; carry out; prepare; **hace unos minutos** some minutes ago; **hace unos años que no fumo** I have not been smoking for some years; **—se** become; pretend to be; **—se con** seize

hacia toward; **— adelante** forward

hacienda estate, property; treasury

hache (el) *f.* letter "h"

hallar find; **—se** be

hambre (el) *f.* hunger; **tener —** be hungry

harina flour

hartar satiate; **—se** become fed up

harto satiated, fed up

hasta up to, as far as, to; until; **— que** even, until

hay there is, there are; **— que** it is necessary; **no — tiempo que perder** there is not time to lose

hecho fact

helar freeze

herencia inheritance

hermana sister

hermano brother

heróico heroic

herradura horseshoe

hervir boil

hielo ice

hierro iron

hígado liver

hija daughter; girl

hijo son; boy

Hilario Hilary

hinchar exaggerate

histérico hysterical

historia story

hoja folding door

hojear leaf through

hola hello

hombre *m.* man; ¡—! man alive!

hombro shoulder

homenaje *m.* homage

honroso honorable

hora hour; time; **ya era —** it was (about) time

horno oven; **No está el — para bollos.** I'm in too bad a humor for you to come annoying me with anything. (*lit.* The oven is too hot for the rolls.)

horrendo horrendous, horrible

horror *m.* horror; **un —** a horrible lot

horrorizar horrify

hotelito little villa

hoy today

hoyo grave

huele *see* oler

huevo egg

huir flee

humano human

humor *m.* humor; **tener — para** see humor in

hundir(se) sink

¡huy! oh!

I

idéntico identical

idiota *m. & f.* idiot

igual equal; the same; **— que** the same as; **es —** it is all the same; **le da —** (it) is all right with one

iluso deluded

imaginación imagination

imaginar imagine

imbécil *m. & f.* imbecile

impacientarse grow impatient

impaciente impatient

importancia importance

importante important

importar be important, matter

impresionar impress

imprudencia imprudence, rashness

impuesto tax

impulsivo impulsive

impulso(s): a — de impelled by

impune unpunished

inarrugable wrinkle-free

incapaz incapable

incidencia incidence

incisivo cutting (*remark*)

inclinarse bend over

incluso even

incomunicado incommunicado

inconfundible unmistakable

inconscientemente unconsciously

inculpar blame

inevitable unavoidable

infantil infantile, childish

infidelidad infidelity

informe *m.* information

ingenuo ingenuous, naive

inglés (inglesa) English; *m.* English (language)

ingresar enter

ingreso entrance

iniciar initiate

injerir ingest, eat

inmediatamente immediately

inmóvil immovable, motionless

innovación innovation

inocencia innocence

inocente innocent

inquietud anxiety

inquilino tenant

insensible insensitive

insistencia insistence

insistir insist

insoportable insupportable, unbearable

instante *m.* instant

insultar insult

inteligencia intelligence

intención intention; **con —** deliberately
intentar attempt
interés *m.* interest
interesante interesting
interesarse (por) be interested (in)
interrogar interrogate
interruptor *m.* switch
íntimo intimate
intriga intrigue
introducir introduce, put; **–se en** go into
inventar invent
investigar investigate
invierno winter
ir go; be; **— haciéndose** be gradually becoming; **— por** go for, go after; **¡ahí va!** there you go (again)!; **no le van** they do not suit him; **vamos a +** *inf.* let us; **¡vamos!** come on!; **¡vaya!** well now!, come now!; **vaya con** come on; **¡vaya por Dios!** for heaven's sake; **–se** go away, leave; be
izquierdo left; **izquierda** *n.* left (hand)

J

¡ja! ha!
jardín *m.* garden
jardinería gardening
jefe *m.* boss
jolgorio fun
joven young
joya jewel
judías a la bretona French beans boiled and served in brown sauce
juerga spree
juerguearse go on a spree
jugada play

jugar play, gamble
juicio judgment; trial; **tener —** be cautious
Julio Julius
junto a close to, beside; **–s** together
jurar swear
justicia justice
justificar justify

K

kilo kilogram (*2.2046 pounds*)

L

labio lip
laborar work
laborioso laborious
lado side; **de al —** next door, nearby
lamentablemente lamentably
lámpara de pie floor lamp
lanzar utter; throw; **–se** jump
lápiz *m.* pencil
largo long
lata tin can; bore
lateral side
lavadero laundry
leche *f.* milk
lechería dairy
lechero milkman
leer read
lengua tongue
lentamente slowly
levantar raise, lift; **–se** get up; be raised
ley *f.* law
liar involve
libertad liberty
libre free
licor *m.* liquor
ligar bring together
ligera: a la — scantily
Liliput Lilliput, an imaginary

island in *Gulliver's Travels*,
by Jonathan Swift (1667–1745),
English satirist. The inhabitants
were six inches tall. Thus,
anything diminutive.

limitar limit
limpiar clean, wipe off
limpio clean; **en —** clear
línea de flotación water line
lío mess; **al —** (*slang*) to the
mistress; **hacerse un — con**
make a mess of
lique *m.* = **liquidación**
liquidation
liquidar liquidate
líquido liquid
listo: estar — be ready
litro liter (*1.0567 quarts*)
lívido livid
lo de the matter of, that
affair of
localizar localize; locate
loco crazy, mad
locuacidad loquacity
locutorio waiting room
lógica logic
lógico logical
lograr succeed in
loro parrot
lucha struggle, fight
luchar fight, struggle
luego then, next, soon
lúgubre dismal, gloomy
Luisa Louise
lujo luxury
luminoso bright, luminous
luz *f.* light; **dar la —** turn on
the light

LL

llamada call
llamar call; knock; ring; **–se**
be named, be called
llave *f.* key; **cerrar con —**
lock

llavero key ring
llavín *m.* latchkey
llegar arrive
llenar fill
lleno full
llevar carry; wear; **(–se)** get
along (with); **llevo cinco
horas aquí** I have been
here five hours; **las lleva
puestas** he has them on;
–se carry off
llorar weep, cry

M

macabro macabre
macho male, masculine
madera wood
madre *f.* mother
madrugada early morning
magnífico magnificent
majadero stupid (one),
annoying (one)
mal(o) bad, disagreeable
mal badly, poorly
maldito (*p.p. of* **maldecir**)
cursed, damned
maleta suitcase
mandar send; order
manera way, manner
manga sleeve
mano *f.* hand
manotazo slap
manta blanket
mantel *m.* tablecloth
mañana *n.* morning;
tomorrow; **pasado —** day
after tomorrow
mar *m. & f.* sea
maravilla marvel
marcar dial
marciano Martian
marcha march; step;
movement; **ponerse en —**
start

marchar go, walk, get along;
—se go away, leave
mareado nauseated
mareo nausea; **le ha dado un —**
one became nauseated
Margarita Marguerite
margen m. & f. margin, edge
marido husband
más more; most; else; **— bien**
rather, somewhat; **no hay —**
que there is no more than;
there is only; **¡Qué bromita —**
tonta! What a foolish little
joke!
matar kill
matrimonio married couple
máxime especially
mayor greater, greatest; older,
oldest
¡mecachis! confound it!
medicina medicine
médico n. physician; medical
medida measure, size
medio half, a half; average
meditar meditate; consider
medroso fearful
mejor better, best; **a lo —**
probably; perhaps
mejorar improve; —se become
better
memo fool
memoria memory
menos less, least; except; not
exactly; **al —** at least
mentir lie
mentón m. chin
menudo small
merecer deserve; **se lo merece**
one does indeed deserve it
mes m. month; **al —** a month
mesa table
metálico hard cash
meter put, put in; **está**
metido en one has gotten
into; —se con have dealings

with; —se en get into; m.
rhythm; **a todo —** in all
rhythms
metro meter (39.37 inches)
mezcla mixture
microscópico microscopic
miedo fear; **dar —** make
afraid
miel f. honey
mientras while; **— que** while;
— tanto meanwhile
miga crumb
mil m. thousand
milagro miracle; **de —** (it was)
a miracle
millón m. million
ministerio cabinet, ministry
minuto minute
mirada glance, look
mirar look, look at; consider
mirilla peephole
mismo same; self; very; **esto —**
this same thing
misterioso mysterious
modelo model; fashion model
(dress)
modernismo modernism,
modern usage
moderno modern
modestia modesty
modesto modest
modo way, manner, means;
de — que so that; and so;
de todos —s at any rate
moka mocha
molestar bother; —se get
bothered, be bothered, bother
molestia bother, inconvenience
momento moment; **al —** at
once; **de —** at present; **de**
un — a otro at any moment
mondarse get rid of one's money
monstruo monster
montacargas m. freight elevator
moralidad morality

moreno   dark, brunet
morir(se)   die
morro   head
mosca   fly; impertinent intruder
mostrar   show
mover(se)   move
movimiento   movement
muchacha   girl
muchacho   boy
mucho   much; long; very; **ni —
menos**   not by a long shot
mudar   move
muebles *m. pl.*   furniture
muela   molar
muerte *f.*   death
muerto *n.*   dead person; dead
muestra   sample
mujer *f.*   wife; woman
mundo   world; **todo el —**
everybody
música   music
mutis *m.*   (*theater*) exit
muy   very, very much

N

nacer   be born
nada   nothing, not . . . anything;
— más   just, only; as soon
as; **— más que**   no more
than, only; **no hay — que
hacer**   there is nothing doing
nadie   nobody, no one, not . . .
anyone; anyone
naturalmente   naturally
necesario   necessary
necesitar   need
negar   deny; shake the head
negro   black; evil
nena   baby girl
nervio   nerve; **con los —s que
le pone la tía**   with the way
her aunt makes her nervous
nervioso   nervous
nevera   refrigerator

ni   nor, not even; **— ... —**
not . . . or, neither . . . nor;
— que   as if
ningún (ninguno)   no, not . . .
any, any; none
niña   little girl, child
niño   little boy, child
no   no, not
noche *f.*   night; **buenas —s**
good evening; **esta —**   tonight
Noemí   Naomi
nombrar   name
nombre *m.*   name
normalidad   normality
norte *m.*   north
notar   note, notice
novela   novel
novena   nine days of religious
devotion
novia   sweetheart, fiancée
novio   sweetheart, fiancé
nuca   nape of neck
nudo   knot
nuevamente   again
nuevo   new; **de —**   again
número   number
nunca   never, not . . . ever

O

o   or; **o ... o**   either . . . or;
— sea   that is to say
obedecer   obey
obediente   obedient
objeto   object
oblícuamente   obliquely
obligar   oblige
obra   work; construction
observar   observe
ocasión   occasion; opportunity
ocasionar   cause
ocultar   hide
oculto   hidden
ocupar   occupy; **—se de**
attend to

ocurrir occur, happen; **–sele a uno** occur to one
ocho eight; **a las —** at eight o'clock
ochocientos eight hundred
odiar hate
ofrecer offer
oído (inner) ear
oír hear, listen; **— hablar de** hear about
ojo eye
oler (a) smell (like); **–le (a uno)** make (one) suspect
olvidar(se) (de) forget; **se le olvidará** one probably is forgetting
olla a presión pressure cooker
operación operation
operar operate
opinar think
orador(a) orator
órbita orbit
orden *m. & f.* order
ordenar order
orgulloso proud
Orientazione mezzogiorno, camera ottanta sei. *Italian* Orientation south, room 86.
ortodoxo orthodox
oscuro obscure; dark
otro another, other

P

padre *m.* father; **–s** parents
padrón *m.* census
pagar pay, pay for
país *m.* country
paisaje *m.* landscape
pájaro *m.* bird
pala shovel
palabra word
palidecer turn pale
palmada: darse una — slap oneself
palmo a palmo inch by inch

palo stick; blow with a stick
pan *m.* bread
paño drapery
pañuelo handkerchief
paparruchas *pl.* nonsense
papel *m.* paper
paquete *m.* package
par *m.* pair, couple; **de — en —** completely
para for, in order to; **— que** so that, in order that
¿para qué? for what reason?
paraguas *m.* umbrella; **póntelo de —** put handcuffs on him
paralelo parallel
parar(se) stop, end up
parchís *m.* parcheesi (*game*)
parecer seem, appear; **le parece** you think; it seems best to you; **eso parece** it seems so
parecido similar
pared *f.* wall
parodia parody
parte *f.* part; **de nuestra —** in our name; **en cualquier —** anywhere; **a todas –s** everywhere; **en todas –s** everywhere
particular particular; **nada de —** nothing peculiar
pasado past, last
pasaportar issue a passport
pasar pass; spend; happen; come in; go beyond; leave; suffer; **–lo** get along; **pase lo que pase** happen what may; **¿qué le pasa?** what is the matter with you?; **–se** pass, pass away; **–se bien** be amusing
paso step, way; **cortarle el —** block one's way; **dar — a** clear the way for; **de —** in passing; **malos –s** difficulties
pata: ser mala — be bad luck

patata potato
pausa pause
paz *f.* peace
pecho chest; **sacar el —**
throw out one's chest
pedido order; **encargar —**
ask for, request an order
pedir ask, ask for
pegar stick; take root; let out;
–lo stick it (together);
— a stick in, stick to
película film
peligro danger
pelillos a la mar bury the
hatchet
pelo hair; **soltar el —** let
down one's hair
penas *pl.*: **a duras —** with
great difficulty
pendiente de hanging on to
penetrar (en) enter
pensar think; intend; expect;
— en think of
pensativo thoughtful
pensión boarding house
peor worse, worst
pequeño little, small
percha clothes pole
perder lose; miss; waste
perdición perdition, ruination
perdonar pardon
perejil *m.* parsley
perfecto perfect
perforación perforation
pericón *m.* popular national
dance
periódico newspaper
permanecer remain
permiso permission
permitir allow, permit
pero but; *n.* "but," objection
perplejo perplexed
perro dog
persona person
pesadilla nightmare

pesar weigh; **a — de** in
spite of
peseta Spanish monetary unit
(*When the play was written,
50 pesetas equaled 485 francs
and $1.00.*)
pesimismo pessimism
peso weight; scale ticket
pichón (pichona) young
pigeon; inexperienced
pie *m.* foot; caption; **de —**
standing; **en —** standing;
ponerse en — stand up;
tenerse en— remain standing
piedra stone
pierna leg
pieza play; piece; **estar de
una —** be dumfounded
píloro pylorus (*opening from
stomach into intestine*)
pillar pillage; surprise
pillín *m.* rogue; **hacer el —**
play the rogue
pino pine
pinta *m.* rascal
pintar paint; signify
pintoresco picturesque
pinzas *pl.* tweezers
piombo screen
piscina swimming pool
piso apartment; floor
pistola pistol
pizca bit
plan *m.* plan; diet
planchar iron
planear plan
planete *m.* little plan
plano plan; **cantar de —**
make a full confession
planta floor
plantear outline
platino *f.* platinum blond
plato plate; **no haber roto
un —** *fig.* be innocent (*lit.* not
to have broken a plate)

plaza seat
plazo time; **de —** extra
plenilunio full moon
plexiglás *m.* plexiglass
plomo: a — vertically
pobre poor
pobrecito poor little one
poco little
pochez *f.* trifle (*slang*)
poder can, be able
policía *f.* police; *m.* policeman
policíaco detective
póliza de seguros insurance
    policy
polvo powder
pollo young man
poner put, place, set; send;
    suppose; turn on; **–se** become;
    put on; **–se (en pie)** stand;
    –se a begin, start; **–selo a**
    uno suspect it; **–se en**
    go into
por by, through, along, in, over,
    during, for, down, because of;
    — eso therefore; **— mucho**
    que however much; **— poco**
    almost; **— si acaso** in
    case of; if by chance
porcelana porcelain
porque because
¿por qué? why?
porra club
porrazo bump
portal *m.* entrance
portarse behave
portazo (door) slam
portera doorman's wife
portería porter's lodge
portero doorman
porvenir *m.* future
posibilidad possibility
posible possible
posma stupidity
postre *m.* dessert; **de —** as
    dessert; finally

postura posture
practicable workable
practicar make
precioso precious, valuable, fine
precipitado hasty
precisamente just at the
    moment
preciso precise; **lo —** what is
    necessary; **es —** it is necessary
predisponer predispose
prefectura prefecture (*office of*
    a prefect who governs a district)
preferible preferable
preferir prefer
pregunta question; **hacer**
    una — ask a question
preguntar ask; **— por** ask
    after, ask for
premio reward
prenda article (of clothing)
prender seize, take
preocuparse worry
preparar prepare
presentar present
presentimiento presentiment,
    premonition
presentir have a presentiment of
presidente *m.* president
prestar lend
presumir presume; boast
pretender pretend; claim; try to
pretexto pretext
prever foresee
prima cousin
primer(o) first
primo cousin
Princesa Princess
principal main
principio beginning; **en un —**
    at the beginning
prisa haste; **darse —** hurry;
    (muy) de — (very much)
    in a hurry; **¡de —!** hurry!
prisión prison
probabilidad probability

probar prove; taste; try out
problema *m.* problem
proceso trial, lawsuit
procurar try; **Procuraremos que no entre.** We shall try to keep her from entering.
prodigio prodigy
producir produce, cause
Profiden forced (*lit.* brand of toothpaste)
prohibir prohibit
prójima slut
prometer promise
pronto quickly, soon; **de —** suddenly
propio own
proponer propose
propósito purpose
protesta protest
protestar protest
provincia province
provocar provoke
próximo next
proyecto project
¡psch! pshaw!
público public
puente *m.* bridge
puerta door, doorway
pues well; then; certainly; since; for; **— que** since
puesto *n.* place; **— que** since
puf puff
puntapié *m.* kick; **echar a –s** kick out
punto point; clue; needlework; **a — de** on the point of
puñalada stab (*with a dagger*); **lanzar una —** give a stab
puñetazo blow with the fist
puño fist
puro cigar

Q

que that, which; than; for; as; **el —** the one that, who, which; **lo —** that which, what, whatever; **¡— no!** of course not!
¿qué? what?; **¿— hay?** what is the matter?; **¿— tal?** how is everything?; **¿a — viene?** why?; **¿y —?** so what?; **¡—!** what!, what a!, how!
quedar remain, stay, be; **— en ridículo** be ridiculous; **le quedan diez y ocho minutos** you have eighteen minutes left; **–se** remain, stay, be
quejarse complain
quejido moan
querer wish, want; love, like; **— decir** mean; **quiso** he tried
querido dear, beloved, darling
quien who, the one who, whom
¿quién? who?, which one?
quieto quiet
quince fifteen
quinto fifth; *n.* **— (año)** fifth (year)
quirúrgico surgical
quitar take, take away; **–se** take off; **–selo de encima** get rid of one
quizá perhaps

R

rabioso raging
radiogramola radio phonograph
Ramona song by Mabel Wayne
raro strange
rastro trace
rato while, short time; **pasar un buen —** have a good time
rayo thunderbolt
razón *f.* reason; **tener —** be right; **llevar —** be right
reaccionar react
realidad truth, reality

realista realistic
realizar realize; carry out
recado message
recapitular recapitulate
recibir receive
recibo receipt
recitar recite
recoger pick up
recomendación recommendation
recomendar recommend
reconstruir reconstruct
recordar remember
recurrir have recourse
reducir reduce
referir refer; –se a refer to
reflejar reflect
refugiarse take refuge
regar water
regimiento regiment
registrar search
regular fair
rehacer do over
reina queen
reír(se) laugh; –se de laugh at; ¡es para –se! it is a laughing matter!
reloj *m.* clock, watch
rematar finish off
renovar renew
renta income
renunciar renounce, give up
reparto cast of characters
repetir repeat
repleto replete, full
representación performance
reproche *m.* reproach
república republic
requerir require
resbalar slip
reservado reserved seat
reservar reserve
resignadamente resignedly
resignar resign
respecto a in regard to

respingo gesture of revulsion
responder respond, answer
responsabilidad responsibility
resquicio crack
restaurante *m.* restaurant
resto rest
resueltamente resolutely
resultar turn out to be, prove to be
retornar return
retrasar delay
retratar photograph
retroceder back away, retrocede
revolver stir
rezumar ooze
rico rich; dear
ridículo ridiculous
riesgo: a todo — against all loss
rígido rigid
río river
risa laughter, laugh; **echándolo a —** starting to laugh at it; **hacer de —** cause laughter
rodear surround
rodilla knee
romántico romantic
romper break
ropa clothes; **— interior** underwear
ropero clothes closet
rostro face
roto (*p.p. of* **romper**) broken
rotundo round, full
rotura breaking, cutting
rubio blond
rueda wheel
ruido noise
ruina ruin

S

S.A. = Sociedad Anónima stock company
sábado Saturday

saber know; **que el sepa**
as far as he knows
sacapuntas *m.* pencil sharpener
sacar take out, get out, get;
stick out; **— algo en limpio**
find out something
sal *f.* salt
salao = salado witty
salchicha sausage
salir leave, go out; come out,
come in, appear; occur;
— (bien) turn out (well)
salón *m.* living room
saltar jump
saltito little jump, little leap
saludar greet; bow to
salvar save
salvo safe; except
sanatorio sanitarium
sangre *f.* blood
sano healthy
santo *n.* saint; holy, saintly
saquito little sack
sardina sardine
sátira satire
satisfecho satisfied
secar dry
seco dry; sharp
sed *f.* thirst; **tener —** be
thirsty
seda = sedativo sedative
sedar soothe, appease
seguida succession; **en —**
at once
seguido straight
seguir follow, go on, keep on,
continue; **seguido de**
followed by
según as, according to (what)
segundo second
seguridad security
seguro sure(ly), certain; **— que**
sí surely; *n.* insurance; **–s**
insurance; **sobre —** without
risk

seis six
sello stamp
semanario weekly
sencillo simple, natural
sentado settled
sentar seat; suit; **–se** sit
down; **le había sentado mal**
it had set badly with him
sentencia sentence
sentenciar sentence
sentido sense
sentir feel; feel sorry, regret;
–se feel (*health*)
seña sign; **–s** address
señal *f.* sign, signal; traffic light
señalar point to, point out
señor *m.* sir; Mr.; gentleman;
muy — mío my dear sir;
–es (ladies and) gentlemen
señora Mrs.; lady
señorita Miss; young lady
separar separate
ser be; **— para reírse** be a
laughing matter; **es que** the
fact is that; **fuera como fuese**
come what might; *m.* being
serenarse become calm
sereno serene; *n.* night
watchman
serio serious
servicio service
servilleta napkin
servir serve; **— de** serve as;
de nada servirá it will do
no good
sesenta sixty
sesenta y cinco sixty-five
sesión session
severísimo very severe
si if; whether; I wonder if; why,
but; *often used for emphasis;*
— no otherwise
sí yes; indeed; **eso — que no**
certainly not that; **— que**
indeed

sibarita *m. & f.* Sybarite, luxury lover
siempre always; **como —** as usual; **lo de —** the same old thing
sien *f.* temple
siete seven
significar mean
silencio silence
sillón *m.* armchair
Simenon, Georges (1903–), Belgian writer in French language. Author of numerous detective novels.
simpático sympathetic; appealing, agreeable; **no me cae simpática** she is not agreeable to me (*i.e.*, I don't like her)
simpatizar sympathize
simplemente simply
simpleza simpleness; stupidity
sin without
siniestro sinister
sino but (on the contrary); **no ... —** only
sinvergüenza *m. & f.* rascal
sitio place
situación situation
situar situate
sobrar be more than enough; be too much(many)
sobre on, upon, over; about; **— todo** especially; *m.* envelope
sobrecuerno exceedingly unfaithful
sobresaliente excellent
sobresaltar startle
sobrina niece
sobrino nephew
sociedad society; **buena —** high society
socorrido useful
socorro help

sofá *m.* sofa
solapa lapel
soler be accustomed to
solitario solitary
solito all alone
solo single, alone, only; empty
sólo only, merely
soltar release
soltera old maid, unmarried woman
solución solution
solucionar solve
sollozar sob
sombra shadow; **en —s** in darkness
sombrero hat
sonado talked about
sonar sound, ring; play; **— a** seem like, sound like
sonriente smiling
sonrisa smile; **dibujar una —** smile, make a smile
soportar endure
sorbito little sip
sorprender surprise
sorpresa surprise
sospechar suspect
sospechoso suspicious
sostener maintain
suavemente gently
subida ascent, coming up
subido high
subir go up, come up; raise, bring up
subsistencia(s) sustenance
subvencionar subsidize
suceder happen
suceso event, news
sucio dirty
sudar sweat (out)
sudor *m.* sweat
sudoroso sweaty
sueldo salary
suelo floor; **estar en el —** be ruined; **tirar por los —s** ruin

suelto free
suerte *f.* luck; fate
sugerir suggest
suplicar beg
suponer suppose
supuesto: por — of course
surgir rise; come forth
suscribir sign
suspirar sigh
suspiro sigh
sustituir substitute (for)
susto fright; **darle a uno un —**
frighten one
susurrar whisper
susurro whisper

T

tabaco tobacco
taco: hacerse un — become
confused
tal such, such a
talento talent
también also, too
tampoco not . . . either,
nor . . . either
tan so, as; such a; so much
tanto so much, as much;
somewhat; **por —** therefore
tapa cover
tapar cover
tapón *m.* cork
taponazo pop (*of a cork*)
tardar delay
tarde late
tardo slow
tarta tart (*derogatory for*
woman)
taxista *m. & f.* taxi driver
técnico *n.* technician; technical;
K.O. — technical knockout
tela cloth, material
telefonear telephone
teléfono telephone, telephone
number

telegrama *m.* telegram;
ponerle un — send one a
telegram
telón *m.* curtain
tema *m.* subject
tembloroso tremulous, fearful
temer fear
tender hold out
tenedor *m.* fork
tener have; **— que** have to;
ten here (it) is
teoría theory
terminante final(ly)
terminar end
término: segundo — middle
distance
terraza terrace
terrorífico terrific
tesoro treasure
testigo witness
tía aunt
tiempo time; **al —** at the
same time
tienda store
tierra earth, ground
tiesto flowerpot
timbrazo loud ring
timbre *m.* bell
tímido timid
tinta ink
tío uncle; fellow
tipo type; standard; fellow
tirador *m.* doorknob
tirar throw; **— de** pull; **— a**
bruto border on stupid
tiro shot; **a –s** if you kill me
tita auntie
título title
tocar ring, sound; play; touch;
— a uno a esperar be one's
turn to wait
todo all, everything; whole;
quite; wholly; **del —** entirely,
completely; **— cuanto** all that
tomar take; drink

tomo volume
tonelada ton
tono tone; **subido de —** high-toned
tontería foolishness
tonto *n.* fool; foolish
torbellino whirlwind
torpeza stupidity
tórrido torrid; passionate
tortilla omelet
trabajar work
trabajo work
traer(se) bring
trago swallow
traje *m.* suit; dress
trajecito little coffin
tralará tralala
trance *m.*: **en — de** at the point of
tranquilo tranquil, calm
transición transition, change
transportar transport
tras behind; after
traspasar cross
traspaso transfer
traspié *m.* stumble
trastornar upset
trastorno upset
tratar treat; **— de +** *inf.* try to; **–se de** be a question of
traza plan; **por las –s** by the looks (of it)
treinta thirty
treinta y cinco thirty-five
tremendo tremendous(ly)
tren *m.* train
tres three
trescientos three hundred
triste sad
tristeza sadness
tristón (tristona) rather sad
triunfante triumphant
trompeta trumpet
troncharse: para — to die laughing

tropezar stumble; **— con** run into
tropezón *m.* stumbling
trozo piece
tubo tube, bottle
turco Turk

U

¡uf! humph!
ulaula oo la la
úlcera ulcer
último last
umbral *m.* threshold
un(o) a, one; **— a —** one by one; **–s** some
único only, sole
urbano urban
urgente urgent
usar use

V

vacilar hesitate, vacillate
valer be useful
vals *m.* waltz
vanidad vanity
vano vain
varios various; several
varita little twig
vaso glass
vecino *n.* neighbor; neighboring
veinte twenty
veintinueve twenty-nine
veintiseis twenty-six
velocidad velocity, speed
vencerse bend
vender sell
veneciano Venetian
veneno poison
venezolano Venezuelan
vengar avenge
venir come; **— bien** suit; **¡Venga!** Come now!; **–se** come along

ventaja advantage
ventana window
ventanal *m.* picture window
ver see; **(vamos) a —** let's see
veraneo summer vacation; **de —**
  on a summer vacation
veraniego summer
verano summer
verdad truth; true; **de —**
  really
verdadero true
verdugo executioner
vergonzoso shameful
verter spill
vestido dress, clothes
vestir dress
vez *f.* time; **a su —** in his turn;
  alguna — ever; **cada —**
  más débil more and more
  weak; **de una —** once and
  for all; **de — en cuando**
  from time to time; **en — de**
  instead of; **otra —** again;
  tal — perhaps; **una —** once
viajar travel
vicetiple *f.* chorus girl
víctima victim
vida life; dear
viejo old
viento wind
vigilante *m.* watchman

vino wine
virgen *f.* virgin
visita visitor
vista sight; **corto de —**
  nearsighted
vivienda dwelling
vivificar enliven; **–se** come to
vivir live; **¡viva!** long live!
vivo alive; quickly
vocabulario vocabulary
volar fly; fly away
volcar overturn
volver return, turn; **— a (abrir)**
  (open) again; **–se** turn
  around
voz *f.* voice
vuelta turn
vulgar common

Y

y and
ya now, presently; already;
  (I) understand; **— no** no
  longer; **— que** since

Z

zancadilla booby trap
zapato shoe
zarandear move to and fro